A filosofia na era trágica dos gregos

Livros do autor publicados pela **L&PM** EDITORES:

Além do bem e do mal
O anticristo
Assim falou Zaratustra
Crepúsculo dos ídolos
Ecce homo
A filosofia na era trágica dos gregos
Sobre a genealogia da moral
Nietzsche – obras escolhidas: Além do bem e do mal,
  O anticristo, Ecce homo
Nietzsche – SÉRIE OURO *(A filosofia na era trágica dos*
  gregos, Além do bem e do mal, Crepúsculo dos ídolos,
  O anticristo, Ecce homo)
Por que sou tão sábio

Leia também:

Assim falou Zaratustra (MANGÁ)
Nietzsche – Jean Granier (SÉRIE **ENCYCLOPAEDIA**)
Nietzsche – Dorian Astor (SÉRIE BIOGRAFIAS)

NIETZSCHE

A filosofia na era trágica dos gregos

Tradução e apresentação de
GABRIEL VALLADÃO SILVA

www.lpm.com.br
L&PM POCKET

Coleção **L&PM** POCKET, vol. 959

Texto de acordo com a nova ortografia
Título original: *Die Philosophie im tragischen Zeitalter der Griechen*

Primeira edição na Coleção **L&PM** POCKET: maio de 2011
Esta reimpressão: novembro de 2019

Tradução e apresentação: Gabriel Valladão Silva
Capa: Ivan Pinheiro Machado. *Ilustração*: arquivo L&PM Editores
Preparação: Guilherme da Silva Braga
Revisão: Patrícia Yurgel

CIP-Brasil. Catalogação na fonte
Sindicato Nacional dos Editores de Livros, RJ.

N581f

Nietzsche, Friedrich Wilhelm, 1844-1900
 A filosofia na era trágica dos gregos / Friedrich Nietzsche; tradução e apresentação de Gabriel Valladão Silva. – Porto Alegre, RS: L&PM, 2019.
 144p.; 18 cm (Coleção L&PM POCKET; v. 959)

 Tradução de: *Die Philosophie im tragischen Zeitalter der Griechen*
 ISBN 978-85-254-2304-7

 1. Filosofia antiga. I. Silva, Gabriel Valladão. II. Título. III. Série.

11-2184.	CDD: 180
	CDU: 1(38)

© da tradução e apresentação, L&PM Editores, 2011

Todos os direitos desta edição reservados a L&PM Editores
Rua Comendador Coruja, 314, loja 9 – Floresta – 90.220-180
Porto Alegre – RS – Brasil / Fone: 51.3225.5777

Pedidos & Depto. comercial: vendas@lpm.com.br
Fale conosco: info@lpm.com.br
www.lpm.com.br

Impresso no Brasil
Primavera de 2019

Apresentação

*por Gabriel Valladão Silva**

"As coisas que se pode ver, ouvir
e conhecer são as que eu prefiro."
(Heráclito de Éfeso, fragmento DK B61)

A primeira pergunta que virá à mente de quem abrir este livro provavelmente será: "Mas que interesse tem, para mim, leitor do século XXI, um texto como este, escrito por um homem do século XIX sobre homens do século VI a.C.?". Curiosamente, uma questão semelhante ocupava Nietzsche – na época um jovem professor de filologia – enquanto este se debruçava sobre os manuais e coletâneas dos fragmentos pré-socráticos. Com apenas 24 anos de idade, o jovem Nietzsche, alemão de nascença, ainda sem doutorado completo, recebera em 1869 a oferta irrecusável de ocupar a cadeira de filologia da Universidade da Basileia, na Suíça. Lá, onde permaneceu os dez anos seguintes de sua vida (1869-79), mi-

---

* Bacharel em filosofia pela Universidade Estadual de Campinas (Unicamp).

nistrou, entre outros, um curso sobre a filosofia pré-socrática, um dos temas que mais contribuíram para despertar definitivamente o seu espírito filosófico.

"Por que os relatos acadêmicos se tornam tão enfadonhos?", indagava-se Nietzsche, enquanto lia volumosos manuais sobre a filosofia grega. Só podia ser por não conterem – ou não enfocarem direito – aquilo que realmente importava na filosofia desses homens. Mas pode existir algo num sistema desses que resista à correnteza impiedosa da História, que não se deixe apagar com o passar das eras? Existe algo que seja *verdadeiramente irrefutável* em um sistema filosófico?

É com a resposta a essas questões que Nietzsche abre *A filosofia na era trágica dos gregos*, um texto surgido por volta de 1874, sem fins de publicação, como uma reflexão não apenas filológica (histórica e linguística), mas já propriamente filosófica, a respeito do pensamento pré-socrático: o valor de uma obra filosófica para a posteridade não se encontra no âmbito da ciência e não pode, portanto, ser obtido por meio da pesquisa puramente filológica. No aspecto científico, como nos alerta Nietzsche, há pouco o que resgatar, e as concepções físicas dos pré-socráticos, diante de nossas concepções modernas, parecem-nos simplórias, até mesmo risíveis. Porém essa não é uma comparação válida. Para Nietzsche, o verdadeiro legado da filosofia pré-socrática não deve ser buscado nessa esfera, mas na relação séria e direta que para esses gregos havia entre pensar e viver – uma relação esquecida em nossa era "esclarecida". Segundo ele, é o *elemento pessoal*, o modo pelo qual escreviam e viviam, que interessa ao homem moderno; é isso que devemos guardar, que permanece para sempre irrefutável em um sistema filosófico. É *como filósofo* que se deve buscar algo a aprender com "aquela república genial que foi de Tales a Sócrates".

A filosofia pré-socrática, surgida na Grécia por volta do século VI a.C., é considerada o berço da filosofia ocidental. Isso porque nela se encontra o primeiro indício, em solo grego, de uma tentativa de explicar o mundo sem recorrer a formulações míticas. Em outras palavras, esses homens souberam encarar a natureza – a *physis* – pela primeira vez como um *objeto em si*, e não como mero "disfarce, máscara e metamorfose" de uma realidade divina, antropomorfizada, daquilo que Nietzsche chama de "homens-deuses". Teria sido nesse espírito que Tales de Mileto (aprox. 625-547 a.C.), supostamente o primeiro dentre esses primeiros filósofos, olhou para o mundo e não viu ali um Zeus, uma Hera, um Posídon, mas – a água! E, por ter prescindido da fabulação mitológica em favor de uma explicação *não figurativa* do mundo e de suas origens, tornou-se assim o primeiro filósofo grego de que se tem notícia.

Há de se admitir, no entanto, que não sabemos quase nada de certo sobre esses homens, que viveram há mais de 2.500 anos, e o pouco que sabemos é via de regra fragmentário, incerto, provindo, na maioria das vezes, de fontes secundárias ou mesmo terciárias. Acima de tudo, é fundamental saber que não nos chegou às mãos nenhum texto original desse período. Ao que tudo indica, o próprio Tales – o primeiro filósofo grego – jamais escreveu uma linha. Quanto aos textos de outros filósofos pré-socráticos, apesar da existência de algumas citações que aparentemente foram extraídas dos originais, não podemos ter realmente certeza de sua fidelidade. Isso porque o mundo antigo não tinha o costume, como temos hoje, de citar suas fontes com precisão. Nem mesmo se fazia uso de sinais de pontuação, imagine-se então de aspas ou notas de rodapé. Sendo assim, as referências aos pré-socráticos nos escritos da Antiguidade estão normalmente mescladas de tal modo em meio ao texto que muitas vezes fica incerta a distinção entre citação direta, citação de memória, paráfrase e elaboração própria.

Além disso, devemos lembrar ainda que, naqueles tempos, aqueles que citavam os pré-socráticos eram também eles mesmos filósofos. Já com os filósofos áticos do século IV a.C. (Platão, Aristóteles) começa uma longa e interessante história de torções, distorções e recortes da fragmentada obra pré-socrática, de modo a adequá-la às mais diversas doutrinas que foram surgindo desde então. Pois todos querem, com razão, sentir-se legitimados pela originalidade, pela força e pela autoridade titânicas de um Tales, de um Heráclito, um Parmênides – os grandes pais da filosofia ocidental. Todos querem sentar-se sob suas longas sombras e iluminar as próprias ideias com a chama reavivada, o brilho (*Schein*) vivaz dos primórdios da filosofia.

É claro que Nietzsche tinha plena consciência das dificuldades que se interpõem a todos aqueles que buscam visitar o pensamento pré-socrático. É justamente por isso que *A filosofia na era trágica dos gregos* é considerado um texto fundamental desse primeiro período do pensamento nietzschiano. Dentre os textos acerca da cultura grega – que incluem também a sua principal obra do período, *O nascimento da tragédia*, publicado em 1872, além de uma série de textos póstumos que começaram a ser desenvolvidos desde 1869, entre os quais destacam-se *O drama musical grego*, *Sócrates e a tragédia*, *A visão de mundo dionisíaca* e *O nascimento do pensamento trágico* –, é em *A filosofia na era trágica dos gregos*, um texto já mais tardio (os primeiros esboços datam de 1873-4), que entrevemos com maior clareza o verdadeiro tema da filosofia de Nietzsche: a crítica à cultura de seu próprio tempo. Esta pode também ser percebida em suas *Considerações extemporâneas* – quatro ensaios críticos sobre a cultura e os estabelecimentos de ensino europeus –, embora ainda, como no próprio *O nascimento da tragédia*, sob forte influência do pessimismo de Arthur Schopenhauer, no campo da filosofia, e da verve romântica de Richard Wagner, no da cultura.

O leitor, portanto, não deve esperar de *A filosofia na era trágica dos gregos* uma lição de história, uma enumeração dos parcos fragmentos que ainda nos restam desses grandes sistemas ("como é de costume encontrar-se nos manuais", segundo suas próprias palavras), mas uma crítica feroz à nossa própria modernidade. Para Nietzsche, a pretensão de acuidade, a pretensão de verdade mesma, em qualquer matéria histórica e especialmente no caso dos longínquos pré-socráticos, é puramente falsa, além de enfadonha e inútil. Assim, ele não ocultará a subjetividade de sua interpretação. Não se trata de analisar a validade dos sistemas, mas de resgatar o valor subjetivo da visão de mundo pré-socrática – seu modo de ver, experimentar e viver –, e opô-lo à visão moderna.

Nietzsche descreve essa modernidade como "um tempo que sofre da assim chamada 'formação universal', mas desprovido de cultura e de qualquer unidade de estilo em sua vida", em que os indivíduos *escondem-se de si próprios* sob costumes e opiniões. Um tempo sem espírito próprio, artificial e vazio de sentido. Para o jovem Nietzsche, a personalidade e a individualidade são as forças para combater essa "tendência à preguiça e à temeridade" inerente à natureza humana. Portanto, quando identifica nos filósofos pré-platônicos (com Sócrates aí incluso) os "tipos puros" da filosofia, ele está querendo falar-nos desse elemento de originalidade, de distanciamento da massa geral, que é para Nietzsche o *gênio*, o ideal do homem livre.

Esses filósofos tiveram, porém, uma grande vantagem a seu favor: por serem os *primeiros*, ainda não havia, em seu tempo, nada que se assemelhasse a seu modo de pensar. Naquele momento, "não havia nenhuma moda para ajudá-los ou facilitar as coisas para eles", o que os forçou a uma formulação original, *genial*. Já do assim chamado "filósofo contemporâneo" pode-se dizer, "no melhor dos casos: que é um filólogo, antiquário, linguista, historiador competente; mas nunca: ele é um filósofo"*. Pois a filosofia consistia ainda para o jovem Nietzsche na *busca pelo ser*, e pela verdade desse ser; coisas que são eternas e que não são aumentadas nem diminuídas pelo matraquear incessante da história. Segundo ele, o ensino da história da filosofia nas academias serve para instilar o medo e acovardar os jovens aspirantes a filósofos perante os grandes pensadores, em vez de estimular o pensamento filosófico. Quer dizer: o modelo acadêmico de estudo da filosofia, ensinando a *erudição* – isto é, a submissão à tradição –, poda a criatividade e a originalidade como ervas daninhas indesejáveis. Contra isso, contra esse moderno esconder-se de si próprio,

---

* *Considerações extemporâneas*, "Schopenhauer como educador", VIII.

Nietzsche relembra-nos a sabedoria imortal de Delfos, "conhece-te a ti mesmo", segundo ele o preceito básico da liberdade filosófica. E realizá-lo só é possível uma vez que nos permitimos desvencilhar-nos do conforto da opinião geral. O pessoal é o oposto do geral, do costumeiro, e, por isso mesmo, tem em si o potencial libertador.

Dentre os pré-socráticos, é em Heráclito de Éfeso (aprox. 535-475 a.C.) que Nietzsche vê elevar-se ao máximo esse elemento de personalidade e originalidade que caracteriza, para ele, o verdadeiro espírito filosófico. Para compreender, porém, o real valor de Heráclito para a filosofia nietzschiana, devemos voltar-nos primeiro para o problema deixado por seu antecessor, Anaximandro de Mileto (aprox. 610-546 a.C.) – um "verdadeiro pessimista" –, e para aquilo que Nietzsche denomina *visão trágica de mundo*.

O modo como Nietzsche vê essa oposição entre Anaximandro e Heráclito reflete em si o conflito nascente entre os pensamentos de Nietzsche e de Arthur Schopenhauer (1788-1860) – sua grande influência nesta primeira fase. A ruptura com a filosofia de Schopenhauer será fundamental para a passagem daquilo que chamamos de seu período de juventude à maturidade completa do pensamento nietzschiano. É conhecido o favoritismo que Nietzsche mantém em relação a Heráclito ao longo de toda a vida. Isso porque, enquanto Anaximandro encarna a percepção *pessimista* de mundo, Heráclito será para Nietzsche o filósofo *trágico*, que simboliza o triunfo de sua própria filosofia sobre o pessimismo schopenhaueriano.

Anaximandro foi, segundo Nietzsche, "o primeiro grego a agarrar (...) o emaranhado do mais significativo problema ético": "Como pode perecer algo que tem direito a ser?", perguntava-se. "De onde vem esse incessante vir a ser e dar à luz, de onde vem essa expressão contorcida de dor no rosto da natureza, de onde vem o interminável lamento fúnebre em todos os reinos da existência?" Se é justo que tenhamos nascido, como pode ser justo que algum dia venhamos a morrer? E, se a morte é justa, por que nascemos? Anaximandro tira daí uma conclusão sombria: "Onde as coisas têm a sua origem – é lá também que devem perecer, por necessidade; pois devem fazer penitência e redimir-se de suas injustiças conforme a ordem do tempo". Não é somente o homem, mas a natureza como um todo que chora pelos filhos perdidos. Toda a vida, o sofrimento e também a morte são, para Anaximandro, a expiação do pecado que é ter nascido, ter ousado desprender-se da unidade original que ele chama de *indefinido* (em grego απειρον – sem delimitação, sem restrição).

Ouvimos, no lamento de Anaximandro em *A filosofia na era trágica dos gregos*, o prelúdio àquilo que Nietzsche chamou, em *O nascimento da tragédia*, de *visão trágica de mundo* – do mesmo modo que a filosofia de Schopenhauer encarna o pessimismo do qual nasce a filosofia trágica do jovem Nietzsche. Assim como Anaximandro, o pessimista Schopenhauer vê o homem como "um ente que de fato não deveria de todo existir, e que expia sua existência por meio de toda sorte de sofrimentos e pela morte". O trágico, como superação do pessimismo, dá o tom fundamental de toda a produção de Nietzsche naqueles dez anos como professor na Universidade da Basileia, e é também o primeiro passo em direção à independência do pensamento nietzschiano.

Esse *pessimismo*, o solo fértil no qual florescerá a tragédia, é caracterizado por Nietzsche como "uma propensão intelectual para o duro, o horrendo, o mal, o problemático da existência, devido ao bem-estar, a uma saúde transbordante, a uma *plenitude* da existência (...), um sofrimento devido à própria superabundância".* Ou seja: o pessimismo, a fascinação pelo horrendo, é fruto e sinal da saúde. Somente um povo satisfeito pode encarar com tanta seriedade o problema fundamental da existência ("Por que nascemos?"; "Por que morremos?"); só aí se torna possível a *filosofia da era trágica*. O positivismo da ciência moderna, por outro lado, e a dose de *otimismo* que lhe é correspondente são sintomas de decadência.

Mas, como dissemos, o pessimismo é somente o *prelúdio* à verdadeira visão trágica de

---
* *O nascimento da tragédia*, "Tentativa de Autocrítica", 1.

mundo. Podemos dizer que o pessimismo *introduz* a questão acerca da existência; o trágico *resolve* este problema – não pela *negação* dessa existência contraditória, como o faz a moral, mas, pelo contrário, por meio de sua *afirmação*. Aquilo que define o trágico – e que o torna superior à visão de mundo moderna – é o fato de ser capaz de justificar as contradições do vir a ser sob uma perspectiva *estética*; e não *lógica* e *moral*, como nós modernos nos acostumamos a fazer. Enquanto a moral é o reino da *lógica*, o trágico caracteriza-se pelo elemento estético, *intuitivo*. Segundo Nietzsche, é essa *intuição estética* que permite aos filósofos pré-socráticos libertarem-se do previamente pensado para inventarem a filosofia. É o elemento estético que os torna de fato *os primeiros*, confirmando o parentesco entre filosofia e *arte*.

Aquilo que o verso é para o poeta, é para o filósofo o pensamento dialético: ele o agarra para prender seu encantamento, para petrificá-lo. E, assim como palavra e verso são para o dramaturgo apenas um balbuciar numa língua estrangeira, para nela dizer o que via e vivia, a expressão de qualquer intuição filosófica mais profunda pela dialética e pela reflexão científica é, por um lado, o único meio para compartilhar o vislumbrado, mas, no entanto, também um meio lastimoso, sendo, no fundo, uma transposição nada confiável para uma esfera e uma linguagem totalmente distintas.

Ambas, filosofia e arte, compartilham a mesma fonte intuitiva. São, como diz Nietzsche, "irmãs". O artista traduz a intuição para o verso; o filósofo, para a dialética. E o exemplo máximo desse uso *estético* da dialética encontra-se, para ele, em Heráclito de Éfeso; nele ocorre a fusão completa entre artista e filósofo que o torna único aos olhos de Nietzsche.

Nietzsche nos conta como Heráclito olhou para o mesmo vir a ser que tanto atormentara Anaximandro, mas sem ver ali nenhuma injustiça. Como ele mesmo nos diz, em um dos poucos fragmentos que nos restam de sua doutrina (DK B102), "para o deus tudo é belo e bom e justo, mas os homens tomaram umas coisas por injustas, outras por justas". Para Heráclito existe, sim, a injustiça; mas apenas para o homem débil, que não enxerga as coisas em sua totalidade. O "deus omni-intuitivo" vê, através das particularidades que vêm e vão, a única realidade perene de nosso mundo: a *eterna mudança*. E essa visão maravilhosa se deve, segundo Nietzsche, unicamente à capacidade descomunal – mesmo se comparada à de outros gigantes pré-socráticos – da *intuição heraclítica*. A intuição é, para Nietzsche, a virtude específica do gênio, e liga-se intimamente àquele desapego em relação às convenções e opiniões gerais. Oposta a ela está o pensamento dialético, racional. Pois ater-se à intuição implica desapegar-se do previamente pensado, da tradição, da própria linguagem que engana e confunde, para então, uma vez neutralizado o veneno do preconceito, perceber o mundo tal como se apresenta aos sentidos e seguir uma noção própria, extraída da experiência individual, sem deixar-se trair pelos sofismas do senso comum.

A moral reflete racionalmente acerca do vir a ser segundo leis previamente estabelecidas e condena-o; a intuição, porém, é *estética* por natureza: ela não conhece, não julga, não condena – apenas contempla e admira. A razão age sempre por meio de *conceitos*, que são fixos, inamovíveis; a intuição, a pura observação do mundo à nossa volta, porém, ensina justamente o contrário: nada é fixo, nada *é*, tudo *vem a ser*. E é munido dessa intuição divina, *puramente artística*, que Heráclito se torna capaz de superar aquela inquietação anaximândrica e de justificar, assim, o vir a ser sem recorrer a um mundo metafísico do ser.

Para Heráclito existe apenas o vir a ser, a eterna mudança – é isso, e somente isso, que lhe ensina a intuição: ela não lhe diz nada sobre o ser ou qualquer outro fundamento eterno subjacente ao mundo sensível. O vir a ser não é mais o dilaceramento terrível de algum ser eterno, uma decadência, como o fora para Anaximandro ("Onde as coisas têm a sua origem – é lá também que devem perecer (…); pois devem fazer penitência e redimir-se de suas injustiças"), mas tão somente *o jogo do artista ou da criança*. Levados por um *impulso criativo* eternamente renovado, a criança e o artista criam e destroem continuamente, sem precisar de um fim último, nem de uma justificativa. O artista cria por criar, a criança brinca por brincar – e só. Isto é, o jogo justifica-se por si próprio, seu fim está nele mesmo. É este o cerne da visão trágica de mundo: o mundo é, em sua totalidade, *uma grande obra de arte*. A arte não é *boa ou má*, mas *bela e sublime*.

Segundo Heráclito, o fogo – soberano supremo de nossa realidade – é como uma grande criança que constrói castelos de areia na praia, somente para depois destruí-los. O fogo é a origem e o fim de todas as coisas, eternamente. Porém não há tristeza alguma nisso: a redenção do vir a ser, a sua justificação, é o sorriso satisfeito dessa criança, estampado em tudo quanto é cambiável e perecível; ele está na beleza das cores, no fluir da vida e na multiplicidade das aparências. Mas é claro que é necessário um olho descomunal, como foi o olho de Heráclito, para ver a arte, e não a injustiça, por detrás de todo o sofrimento terreno. Segundo Nietzsche, é justamente a *visão estética* que salva Heráclito do terrível problema anaximândrico sobre o vir a ser e perecer das coisas. A redenção do vir a ser é artística, e jamais pode ser alcançada moralmente. O homem, portanto, para tornar-se filósofo, deve retomar o treinamento de seu olhar, tendo sempre como modelo o olho flamejante de Heráclito.

É este, segundo Nietzsche, o legado da filosofia pré-socrática à posteridade, e é também aqui que se encontra o germe da própria filosofia nietzschiana: não devemos nos pautar por modas, ideias célebres ou qualquer outro pensamento pré-fabricado – pelo contrário, *devemos sempre pensar por conta própria*: como crianças, devemos olhar para o mundo sempre como que pela primeira vez, sem jamais perdê-lo de vista nem nos deixarmos iludir pelo que venham a falar dele. A liberdade do homem consiste em tirar suas próprias conclusões acerca do mundo que o rodeia.

Campinas, 13 de abril de 2011.

A filosofia na era trágica dos gregos

Quando se trata de homens distantes de nós, basta conhecermos seus fins para logo os aceitar ou rejeitar em sua totalidade. Quanto aos mais próximos, julgamo-los de acordo com os meios pelos quais atingem seus fins: frequentemente desprezamos seus fins, porém os amamos pelos meios e pelo modo de seu querer. Afinal, os sistemas filosóficos são totalmente verdadeiros apenas para seus fundadores: para todos os filósofos posteriores são normalmente *um* grande erro; para as cabeças mais fracas, uma soma de erros e verdades. Enquanto fim supremo, no entanto, são um equívoco, na medida em que são refutáveis. É por isso que muita gente despreza os filósofos – por seu fim não ser o deles mesmos; e são estes os que estão mais afastados. Quem, em contrapartida, alegra-se com os grandes homens, encontra sua alegria também nesses sistemas, mesmo que estejam completamente equivocados: pois estes últimos têm em si um ponto totalmente irrefutável, uma disposição pessoal, uma coloração, e pode-se utilizá-los para vislumbrar a figura do filósofo: assim como se pode, a partir de uma planta, tirar conclusões acerca do solo em que cresce. Essa maneira de viver e de ver as coisas humanas existiu algum dia, e é, portanto, possível: o "sistema", ou ao menos uma parte desse sistema, é a planta que cresce nesse solo – –

Narro a história desses filósofos de maneira simplificada: quero extrair de cada sistema somente o fragmento que é um pedaço de *personalidade* e que pertence ao que há de irrefutável e indiscutível, aquilo que a História deve guardar: é um começo para reconquistar e reconstruir essas naturezas pela comparação, para finalmente deixar soar mais uma vez a polifonia da natureza grega: a tarefa consiste em trazer à luz aquilo que devemos *sempre amar e honrar*, e que não pode ser roubado por nenhum conhecimento posterior: o grande homem.

Esta tentativa de contar a história dos filósofos gregos mais antigos diferencia-se de tentativas semelhantes pela sua brevidade, a qual foi alcançada mencionando-se somente um número mínimo de suas doutrinas, e, portanto, por meio da incompletude. Foram, no entanto, escolhidas aquelas doutrinas nas quais aquilo que há de pessoal em cada filósofo ressoa com maior força, enquanto que uma completa enumeração de todos os aforismos que nos foram deixados pela tradição, como é de praxe nos manuais, leva inevitavelmente ao total emudecimento do que é pessoal. É por isso que tais relatos se tornam tão enfadonhos: porque em sistemas já refutados a única coisa que pode nos interessar é o pessoal, pois é isto que será eternamente irrefutável. A partir de três anedotas é possível constituir o retrato de um homem; tentarei extrair três anedotas de cada sistema, deixando o restante de lado.

I

Existem inimigos da filosofia: e fazemos bem em escutá-los, especialmente quando desaconselham a metafísica às cabeças adoecidas dos alemães e pregam a purificação pela *physis*, como Goethe, ou a cura pela música, como Richard Wagner. Os médicos do povo rejeitam a filosofia; e quem quiser justificá-la deverá mostrar para que necessitam e têm necessitado dela os povos saudáveis. Caso este possa demonstrá-lo, talvez até os convalescentes compreendam, para sua própria vantagem, por que a filosofia tem sido danosa precisamente a eles. Há, pois, bons exemplos de uma saúde capaz de constituir-se totalmente isenta de filosofia ou utilizando-se dela com grande moderação, de maneira quase jocosa; foi assim que os romanos viveram seus melhores tempos sem filosofia. Mas onde se pode encontrar um exemplo de povo adoecido cuja saúde tenha sido restaurada pela filosofia? Se ela alguma vez mostrou-se útil, salvadora, protetora, o fez para os saudáveis; os doentes ela tornava sempre mais doentes. Sempre que um povo esteve disperso, estando enfraquecidas as relações com seus elementos singulares, a filosofia jamais reatou esses elementos de volta com o todo. Sempre que alguém desejou pôr-se à parte e construir em torno de si a cerca da autossuficiência, a filosofia estava pronta para isolá-lo ainda mais, e assim destruí-lo pelo isolamento. Ela é perigosa quando não está em plena posse de seus direitos: e somente a saúde de um povo, mas também não de qualquer povo, lhe dá esse direito.

Busquemos agora pela maior autoridade naquilo que se pode chamar de saúde de um povo. Os gregos, como os verdadeiramente saudáveis, *justificaram de uma vez por todas* a filosofia simplesmente pelo fato de terem filosofado; e, com efeito, muito mais que todos os outros povos. Nem ao menos puderam parar no tempo certo; pois mesmo em idade avançada comportavam-se como ardentes adoradores da filosofia, embora já entendessem por filosofia apenas os sofismas piedosos e as ninharias sacrossantas da dogmática cristã. Por não terem sabido parar a tempo, eles próprios reduziram largamente o serviço prestado à posteridade bárbara, que, na ignorância e no ímpeto de sua juventude, caiu direto nesta rede habilmente tecida, para lá se prender.

Em contrapartida, os gregos souberam começar no momento propício, e esse aprendizado, o de saber quando se faz necessário começar a filosofar, eles compreenderam com mais clareza do que qualquer outro povo. Pois não começaram na miséria como atestam alguns, que derivam a filosofia do desgosto. Começaram antes afortunados, no momento de sua viril maturidade, na cálida alegria da robusta e vitoriosa idade adulta. Que os gregos tenham filosofado nesse momento nos ensina tanto algo sobre o que a filosofia é e o que deve ser, como sobre os próprios gregos. Tivessem sido esses homens práticos e alegres, prosaicos e precoces, assim como os imagina o filisteu erudito de nossos tempos, ou caso tivessem vivido em um mero flutuar, tinir, respirar e sentir, como quer presumir o fantasista ignorante, a fonte da filosofia jamais teria vindo à tona entre eles. No máximo, teria existido um riacho que logo desapareceria na areia ou dissipar-se-ia em nevoeiro, mas jamais aquela correnteza larga, entornando em orgulhosa ondulação, que nós conhecemos por filosofia grega.

Pois se empenharam em apontar o quanto os gregos podiam encontrar e aprender no oriente estrangeiro, e quantas coisas eles realmente de lá trouxeram. Com certeza era um espetáculo curioso observar os pretensos mestres do oriente e os possíveis alunos da Grécia lado a lado, exibindo Zoroastro ao lado de Heráclito, os hindus ao lado dos eleatas, os egípcios ao lado de Empédocles, ou mesmo Anaxágoras entre os judeus e Pitágoras entre os chineses. No particular, poucas coisas foram resolvidas; mas deixamo-nos persuadir pela ideia como um todo, contanto que não nos molestassem com a consequência de que com isso a filosofia na Grécia seria exclusivamente importada, e não cultivada em um solo natural e doméstico, e que, sendo algo estrangeiro, teria antes arruinado os gregos do que trazido benefícios. Nada é mais tolo do que sugerir uma formação autóctone para os gregos. Muito pelo contrário: eles absorveram toda a formação que vivia em outros povos, sendo justamente por isso que chegaram tão longe – porque souberam arremessar para ainda mais longe a lança a partir do ponto onde outro povo a havia deixado cair. São admiráveis na arte do aprendizado frutífero; e, assim como eles, nós *devemos* aprender com nossos vizinhos – para a vida, e não para o conhecimento erudito, utilizando todo o aprendizado como suporte do qual podemos impulsionar-nos para o alto, mais alto do que o próprio vizinho. As perguntas acerca das origens da filosofia são totalmente indiferentes, pois em toda parte vêm no início o cru, o amorfo, o vazio e o feio, e em todas as coisas apenas os patamares mais elevados merecem consideração. Aquele que prefere, no lugar da filosofia grega, ocupar-se com a egípcia ou com a persa, porque estas sejam talvez mais "originais" e certamente mais antigas, procede de modo tão imprudente quanto aqueles outros que são incapazes de tranquilizar-se com a mitologia tão bela e profunda dos gregos até que a tenham reduzido a trivialidades físicas, como o sol, o raio, a tempestade e o nevoeiro, como se a tivessem reconduzido às suas origens primordiais, e que pretendem, por exemplo, ter reencontrado, na limitada adoração da abóbada celeste praticada pelos ingênuos indo-germanos, uma forma mais pura da religião do que o politeísmo grego. O caminho para as origens leva por todos os lados à barbárie; e quem se dedica aos gregos deve sempre ter em mente que o impulso de saber em si, quando indomado, é em todas as épocas tão barbarizante quanto o ódio ao saber, e que os gregos domaram seu próprio impulso de saber, em si insaciável, por meio de uma vida prudente, por uma ideal necessidade de viver – pois logo queriam viver aquilo que aprendiam. Os gregos também filosofaram como homens da cultura e com os fins da cultura, e, assim, pouparam-se de inventar mais uma vez, a partir de alguma presunção autóctone, os elementos da filosofia e da ciência, mas começaram diretamente a preencher, reforçar, elevar e purificar esses elementos adquiridos, de modo que agora, já num sentido superior e numa esfera mais pura, tornaram-se inventores. Pois eles inventaram as *típicas cabeças de filósofos*, e toda a posteridade não lhes acrescentou nada de significativo.

Todo povo se encabula quando se lhes aponta uma comunidade filosófica tão maravilhosamente idealizada como a destes mestres gregos da Antiguidade: Tales, Anaximandro, Heráclito, Parmênides, Anaxágoras, Empédocles, Demócrito e Sócrates. Todos esses homens foram talhados a partir de uma só pedra. Entre seus pensamentos e seu caráter reina uma rígida necessidade. A eles falta toda e qualquer convenção, uma vez que não existia uma classe de filósofos e eruditos naquele tempo. Estão todos em grandiosa solidão, pois são os únicos de sua época que viviam apenas do conhecimento. Todos possuem a energia virtuosa dos antigos, graças à qual superam todos os seus sucessores, para encontrar sua própria forma e desenvolvê-la, por metamorfose, até alcançar os estágios mais refinados e mais grandiosos. Pois não havia nenhuma moda para ajudá-los ou facilitar as coisas para eles. Assim, constroem em conjunto aquilo que Schopenhauer chamou de república de gênios, em oposição à república erudita: um gigante chama o outro através dos intervalos desérticos dos tempos, e, sem deixar-se perturbar pela multidão de anões galhofeiros e barulhentos que fogem rastejantes ao redor, inicia o elevado diálogo espiritual.

Propus-me a relatar aquilo que nossa dureza de ouvido moderna pode ainda ouvir e compreender desse elevado diálogo espiritual: quer dizer, precisamente o mínimo. A mim parece que esses velhos sábios, de Tales a Sócrates, proferiram tudo aquilo que a nosso ver constitui o que é propriamente helênico, ainda que da forma mais geral possível. Cunham, em seu diálogo, e já em suas personalidades, os grandes traços do gênio grego, cuja marca obscura, cuja cópia apagada, e por isso pouco clara, constitui toda a história grega. Se observássemos corretamente a vida conjunta do povo grego, encontraríamos nela apenas o reflexo daquilo que brilha, em seus mais elevados gênios, com as cores mais vibrantes. Já a primeira vivência da filosofia em solo grego, a sanção dos Sete Sábios, é uma pincelada clara e inesquecível no quadro do helênico. Outros povos têm homens sagrados, os gregos têm sábios. Foi dito, com razão, que um povo não se caracteriza tanto por seus grandes homens, porém muito mais pelo modo como os reconhece e honra. Em outros tempos, o filósofo é um caminhante solitário, entregue ao acaso em meio a um ambiente hostil, passando – ou às furtadelas, ou abrindo caminho com os punhos crispados – através da multidão. Apenas entre os gregos o filósofo não é um acaso: quando o vemos surgir, nos séculos VI e V, em meio aos terríveis perigos e exigências da secularização, emergido, por assim dizer, da gruta de Trofônio*, em meio à exuberância, à alegria da descoberta, à riqueza e sensualidade das colônias gregas, supomos que ele vem como um solene mensageiro, e justamente com o mesmo fim para o qual nascia a tragédia naqueles séculos, o qual também é sugerido pelos mistérios órficos,

---

* A expressão "descer à gruta de Trofônio" tem sua origem em um mito narrado por Pausânias. No culto a Trofônio, aquele que buscasse seu oráculo devia passar por uma série de rituais antes de descer à caverna, que supostamente guardava visões tão terríveis que faziam com que o iniciado se esquecesse de tudo. Assim, a expressão "descer à gruta de Trofônio" significa passar por um grande susto ou sentir medo, simplesmente. (N.T.)

por detrás dos grotescos hieróglifos de suas práticas. O juízo desses filósofos acerca da vida e da existência em geral diz muito mais do que um juízo moderno, pois tinham a vida em opulento acabamento diante de si, e porque entre eles os sentimentos do pensador não se confundiam, como entre nós, na dicotomia entre o desejo por liberdade, beleza e grandeza de vida e o impulso para a verdade, que pergunta apenas: qual é, afinal, o valor da vida? Por isso, não é fácil adivinhar, a partir de nossa condição e vivência, a tarefa que o filósofo deve realizar dentro dos termos de uma cultura efetiva e orientada para uma unidade de estilo, pois nós não possuímos tal cultura. Apenas uma cultura como a grega pode responder à pergunta acerca do papel do filósofo. É somente ela que sabe, e é capaz de provar, por que e como o filósofo *não é* um mero caminhante qualquer, derramando-se aqui ou acolá, ao sabor do acaso. Existe uma intensa necessidade que prende o filósofo a uma cultura verdadeira; mas como, quando essa cultura não está disponível? Nesse caso o filósofo será sempre um cometa imprevisível, e, por isso mesmo, assustador, brilhando em sua suntuosa queda, como um astro-mor no sistema solar da cultura. É por isso que o filósofo está legitimado pelos gregos, pois é somente entre eles que ele não é nenhum cometa.

II

Depois de tais considerações, aceitar-se-á sem objeções que eu fale dos filósofos pré-platônicos como de uma comunidade coesa, e que dedique somente a eles este escrito. Com Platão inicia-se algo totalmente novo; ou, como pode ser dito com igual direito, falta aos filósofos, desde Platão, algo de essencial em comparação àquela república genial que foi de Tales a Sócrates. Quem quiser se expressar de maneira invejosa acerca desses mestres antigos irá chamá-los de unilaterais, e seus epígonos, com Platão no topo, de multifacetados. Mais correto e menos parcial seria, porém, compreender os últimos como caracteres filosóficos mistos, e os primeiros como os tipos puros. O próprio Platão é o primeiro grande caráter misto, exprimindo-se como tal tanto em sua filosofia como em sua própria personalidade. Em sua teoria das ideias estão unificados elementos tanto socráticos como pitagóricos e heraclíticos; por isso, esta não constitui um fenômeno de tipo puro. Também como homem Platão mistura as tendências ao isolamento monárquico e à autossuficiência de Heráclito com aquelas de altruísmo melancólico e legislativas de Pitágoras, e também com as do dialético conhecedor da alma, Sócrates. Todos os filósofos posteriores são de caráter misto; quando algo de unilateral emerge neles, como no caso dos cínicos, não se trata de tipo, mas de caricaturas. Muito mais importante é, ainda, o fato de eles serem fundadores de seitas, e de que as seitas por eles fundadas foram, no conjunto, instituições de oposição à cultura helênica e à unidade de estilo que até então lhe tinha sido própria. Buscam, a seu modo, uma redenção, mas uma redenção meramente individual, ou, no máximo, para amigos e jovens que lhes sejam próximos. Enquanto isso, a atividade dos filósofos mais antigos aponta, ainda que de maneira inconsciente, para uma cura e uma purificação em larga escala; a grandiosa marcha da cultura grega não deve ser impedida; é necessário limpar de seu caminho perigos amedrontadores; o filósofo protege e defende seu lar. Mas agora, desde Platão, o filósofo encontra-se em exílio e conspira contra sua pátria. – É um grande infortúnio que nos reste tão pouco desses mestres filosóficos mais antigos, e que qualquer completude nos tenha sido subtraída. Devido a essa carência, medimo-los imparcialmente, mas com medidas equivocadas, e assim deixamo-nos desfavorecer os mais antigos, apenas pelo fato plenamente casual de a Platão e Aristóteles jamais terem faltado comentadores e copistas. Alguns creem num destino próprio dos livros, um *fatum libellorum*:

seria, porém, um destino sem dúvida perverso se nos privasse de Heráclito, do maravilhoso poema de Empédocles, dos escritos de Demócrito, que os antigos equiparam a Platão e que o excede ainda em engenhosidade, e substituísse-os por estoicos, epicuristas e Cícero. Provavelmente perdeu-se a mais grandiosa porção do pensamento grego e de sua expressão em palavras: um destino nada excepcional, para quem se recordar do infortúnio de Scotus Erigena ou de Pascal* e considerar que, mesmo nesse século esclarecido, a primeira edição de *O mundo como vontade e representação* de Schopenhauer tenha se tornado papel de rascunho. Caso alguém queira atribuir um poder fatalista próprio a tais coisas, deverá dizer com Goethe: "Do infame ninguém deve fazer queixa; pois, o que quer que digam, o poder é próprio da baixeza".** E esta é especialmente mais poderosa que o poder da verdade. É muito raro para a hu-

---

* John Scotus Erigena (810-877): teólogo, filósofo e tradutor escocês. Suas duas obras principais, que tentavam conciliar as doutrinas platônica e cristã, foram condenadas pela Igreja. A última obra de Blaise Pascal (1623-1662), intitulada *Pensamentos*, tinha a intenção de conciliar os pensamentos cético e estoico para fundamentar a crença em Deus. Foi alterada por temor de que incitasse as pessoas ao ceticismo, mais que à piedade. (N.T.)

** "Über's Niederträchtige niemand sich beklage; denn es ist das Mächtige, was man dir auch sage". GOETHE, J. W., *West-östlicher Divan, Buch des Unmuts*, "Wanderers Gemütsruhe".

manidade gerar um livro no qual, com ousada liberdade, se entoe o canto guerreiro da verdade, a canção do heroísmo filosófico: e, no entanto, são os mais reles acasos, um súbito obscurecimento das cabeças, espasmos e antipatias supersticiosos, e, por fim, até mesmo dedos preguiçosos ou as traças e a umidade que determinam se este livro viverá por mais um século, ou se será transformado em mofo e pó. Não desejamos, no entanto, nos lamentar. Preferimos deixar soar as palavras de despacho e consolo de Hamman*, dirigidas aos eruditos que lamentam as obras perdidas:

> Não teria o artista capaz de passar uma lentilha pelo furo de uma agulha, em um alqueire de lentilhas, grãos suficientes para treinar a habilidade adquirida? Esta pergunta deve ser feita a todos os eruditos que não sabem fazer melhor uso das obras da Antiguidade do que o artista das lentilhas.

Neste caso ainda se poderia acrescentar que nenhuma palavra, nenhuma anedota, nenhuma data precisam ser transmitidas a nós além das que já o foram, uma vez que assim obteríamos muito menos para estabelecer o conhecimento geral de que os gregos legitimam a filosofia. – Um tempo que sofre da assim chamada formação universal,

---

* Johann Georg Hamman (1730-1788): filósofo conterrâneo e contemporâneo de Kant. Hamman encabeçou o movimento *Sturm und Drang*, do qual também Schiller e Goethe fizeram parte. (N.T.)

mas desprovido de cultura e de qualquer unidade de estilo em sua vida, não saberá realizar nada de direito com a filosofia, mesmo que esta fosse proclamada nas ruas e mercados pela boca do próprio gênio da verdade. Em um tempo como este, permanece antes como o monólogo erudito do caminhante solitário, ou o espólio ocasional de um indivíduo, ou como segredo oculto no gabinete, ou como tagarelice inofensiva entre anciãos acadêmicos e crianças. Ninguém se atreve a realizar em si a lei da filosofia, ninguém vive filosoficamente, com aquela lealdade simples que obrigava um antigo, onde quer que estivesse e independentemente do que estivesse fazendo, a comportar-se como um estoico, caso tenha alguma vez declarado lealdade à Stoa. Todo o filosofar moderno está, política e policialmente, por meio de governos, igrejas, academias, costumes, modas e covardias, atado à aparência erudita: ele permanece no suspirar "Ah, se..." ou na sentença "Era uma vez...". A filosofia encontra-se privada dos seus direitos, e por isso o homem moderno, se tivesse a mínima coragem e a mínima consciência, devia repudiá-la e bani-la com palavras semelhantes às que Platão empregou ao banir os poetas trágicos de seu Estado.* Restar-lhe-ia, po-

---

* "Assiste-nos, por conseguinte, inteira razão de não o recebermos [o poeta] na futura cidade de legislação modelar, visto despertar ele, alimentar e fortalecer a parte maldosa da alma e, com isso, arruinar o elemento racional." PLATÃO, *República*, X, 605b.

rém, uma réplica, assim como restou aos poetas trágicos contra Platão. Ela poderia, por exemplo, quando se a forçasse a falar, dizer: "Povo mesquinho! Acaso é minha culpa se eu, como uma adivinha, preciso esconder-me e deslocar-me como se fosse a pecadora, e vós, os meus juízes? Observai minha irmã, a arte! A ela ocorre o mesmo que a mim – estamos perdidas entre bárbaros, e não sabemos mais como nos salvar. Aqui nos falta, é verdade, todo e qualquer direito: mas os juízes, diante dos quais encontraremos justiça, julgam também a vós, e assim vos dirão: Tende primeiro uma cultura, e então sabereis o que a filosofia quer e pode". –

III

A filosofia grega parece iniciar-se com uma noção desarmônica, a saber, com a proposição de que a água seria o primórdio e o ventre materno de todas as coisas: é realmente necessário deter-se neste ponto e proceder com seriedade? Sim, e por três motivos: primeiramente, porque a sentença profere algo acerca do primórdio das coisas, em segundo lugar porque ela o faz sem imagem ou fabulação e, finalmente, porque nela, ainda que apenas em forma embrionária, obteve-se o pensamento: tudo é um. O primeiro motivo posiciona Tales ainda entre religiosos e supersticiosos; o segundo o retira dessa sociedade e o revela a nós como pesquisador da natureza; mas, graças ao terceiro motivo, considera-se Tales como o primeiro filósofo grego. – Tivesse ele dito: da água se faz terra, então teríamos apenas uma hipótese científica; falsa, porém dificilmente refutável. Mas ele foi além do científico. Com a apresentação dessa noção de unidade, por meio da hipótese da água, Tales não apenas superou o patamar reduzido dos conhecimentos físicos de seu tempo, mas passou de um salto por sobre eles.

As pobres e desordenadas observações empíricas que Tales fez sobre o surgimento e as transformações da água, ou, mais precisamente, do úmido, teriam ao menos permitido, se não de fato indicado uma generalização monstruosa como essa; mas aquilo que levou a essa generalização foi uma doutrina metafísica, que teve seu primórdio em uma intuição mística, a qual encontramos, acompanhada de sempre renovadas tentativas de melhor expressá-la, em todas as filosofias: "tudo é um".

É notável a violência que esta crença adota no trato com toda empiria: justamente em Tales pode-se aprender como procedeu a filosofia, em todos os tempos, quando desejava saltar, puxada pelos seus fins magicamente atraentes, por sobre as moitas da experiência. Ela salta com toda leveza: a esperança e o pressentimento lhe dão asas aos pés. Vagaroso, o entendimento calculante vem, ofegante, mais atrás, buscando apoios melhores, para que também ele atinja aquele fim atraente, o qual a companheira mais divina já alcançou. Supõe-se estar vendo dois caminhantes diante de uma correnteza selvagem, que arrasta consigo pedregulhos diversos: o primeiro atravessa-o com leveza nos pés, utilizando as pedras para impulsionar-se cada vez mais adiante, mesmo que estas afundem assim que ele as deixa. O outro permanece à margem, desamparado; ele precisa primeiro construir os fundamentos que irão suportar o seu passo pesado e prudente. Vez por outra ele não consegue fazê-lo, e então não há deus que possa ajudá-lo a atravessar aquela correnteza. O que leva, então, o pensar filosófico com tanta agilidade para o seu fim? Acaso diferencia-se do pensar calculante e comedido apenas por atravessar grandes distâncias com maior agilidade? Não, pois o seu pé é erguido por um poder estranho e ilógico: a fantasia. Alçado por ela, ele salta adiante, de possibilidade em possibilidade, que por ora toma por certezas: de vez em quando apanha realmente alguma certeza durante o voo. Com um pressentimento genial, a fantasia indica ao pensar filosófico que é possível adivinhar de longe que em certo ponto há certezas comprováveis. A força da fantasia é, porém, especialmente poderosa na compreensão e na elucidação quase instantânea de semelhanças: a reflexão trará mais tarde suas trenas e medidas e buscará substituir as semelhanças por igualdades, as contiguidades observadas por causalidades. Mas, mesmo que isso não fosse jamais possível, mesmo no caso de Tales, o filosofar incomprovável tem ainda algum valor; mesmo que todos os apoios venham abaixo, quando a lógica e a rigidez da empiria desejarem saltar para a proposição "tudo é água", restará ainda alguma coisa após o desmantelamento do construto científico; e exatamente nesse resto reside uma força impulsiva, assim como a esperança de um futuro frutífero.

Evidentemente, não pretendo dizer que esse pensamento contenha talvez ainda algum tipo de "verdade", mesmo que de forma limitada ou enfraquecida, ou como alegoria: é como quando imaginamos o artista plástico parado diante de uma queda d'água, observando nas formas que colapsam umas sobre as outras um jogo artístico de prefiguração da água com imagens humanas e animalescas, máscaras, plantas, rochas, ninfas, anciãos, enfim, com todos os tipos existentes: de modo que para ele a proposição "tudo é água" pareceria autêntica. O valor da ideia de Tales está, no entanto – e mesmo após o reconhecimento de que ela é incomprovável –, muito mais na intenção de ser absolutamente não mítica e não alegórica. Os gregos, dentre os quais Tales subitamente tornou-se tão notável, cultivavam nesse campo o exato oposto de qualquer realismo, uma vez que acreditavam somente na realidade de homens e deuses, e concebiam a natureza em sua totalidade apenas como disfarce, máscara e metamorfose desses homens-deuses. O homem era para eles a verdade e o cerne das coisas. Todo o restante eram meras aparências e jogos ilusórios. Justamente por isso lhes era tão difícil apreender os conceitos como conceitos: e, ao contrário do que ocorre com os modernos, para os quais até mesmo o mais pessoal é sublimado a abstrações, o abstrato se condensava para eles sempre de volta em uma pessoa. Tales, porém, dizia: "não o ser humano, mas a água é a realidade das coisas". Assim, ele começa a crer na natureza, uma vez que crê ao menos na água. Como matemático e astrônomo, Tales desenvolvera uma alergia a tudo que fosse mítico e alegórico, e se não foi entibiado a ponto de chegar à abstração pura "tudo é um", atendo-se a uma expressão física, não deixou por isso de ser uma estranha raridade entre os gregos de seu tempo. É possível que os órficos, pessoas altamente notáveis, tenham possuído, em grau ainda maior do que ele, a capacidade para apreender abstrações e pensar de modo não figurativo: mas só puderam, no entanto, exprimir o mesmo na forma de alegorias. Também Ferécides de Siros, que se aproxima de Tales tanto na idade como em algumas concepções físicas, oscila, ao lhes dar expressão, na mesma fronteira que une a alegoria ao mito: de modo que ousa, por exemplo, comparar a Terra a uma bolota de carvalho alada, flutuando no ar de asas abertas e, após a derrota de Cronos, envolta por Zeus em trajes suntuosos, nos quais ele próprio havia bordado terras, águas e rios. Em oposição a este filosofar obscuro e alegórico, quase intraduzível para a tangibilidade, Tales é um mestre criativo, que começou a observar a natureza em profundidade sem o auxílio de qualquer fabulação fantástica. O fato de, após utilizar-se da ciência e do comprovável, ter saltado para além destes, é outra marca típica da cabeça filosófica. A palavra grega que designa o "sábio" origina-se etimologicamente de *sapio* – "eu saboreio", *sapiens* – "o saboroso", *sysiphos* – "o homem de gosto mais picante". Um discernimento e um conhecimento extrativos, afiados, além de uma capacidade para a distinção significativa, constituíam, então, na mente do povo, a arte própria do filósofo. Ele não é astuto, se considerarmos astuto aquele que extrai o bem de seus próprios interesses; Aristóteles diz com razão que "Tales e Anaxágoras conhecem coisas que podem ser chamadas de notáveis, admiráveis, difíceis e divinas, mas improfícuas. Isso porque não são os bens humanos que procuram." Por meio desse discernir e separar, do incomum, do impressionante, do difícil, do divino, a filosofia diferencia-se da ciência assim como se diferencia da astúcia pelo foco na inutilidade. A ciência lança-se, sem tal discernimento, sem tal gosto sofisticado, sobre tudo quanto é cognoscível, guiada pela cega ganância de querer conhecer tudo a qualquer custo; em contrapartida, o pensar filosófico está sempre no encalço das coisas mais dignas de conhecimento, dos conhecimentos maiores e mais importantes. Mas o conceito de grandeza é passível de transformação, tanto no campo da moralidade como no da estética: assim, a filosofia inicia com a legislação da grandeza, com um nomear atado a ela. "Isto é grande", diz, e assim eleva os homens acima da ganância cega e indomada de seu impulso em direção ao conhecimento. Ela doma esse impulso por meio do conceito de grandeza: e mais ainda quando considera alcançáveis ou mesmo alcançados os maiores conhecimentos, a saber, aqueles sobre a essência e o cerne das coisas. Quando Tales diz "tudo é água", o ser humano, com um sobressalto, eleva-se acima do tatear e rastejar verminoso das ciências singulares; ele pressente a solução final das coisas e sobrepuja, com esse pressentimento, todo o embaraço dos graus mais baixos de conhecimento. O filósofo busca deixar ressoar em si a consonância do mundo, para então extraí-la de si mesmo na forma de conceitos: enquanto é contemplativo como o artista plástico, compassivo como o religioso e ansioso por fins e causalidades como o homem da ciência, enquanto sente-se inflar ao nível do macrocosmo, mantém a prudência para observar-se friamente, como imagem refletida do mundo, a mesma prudência que possui o artista dramático, que, mesmo se transformando em outros corpos e falando por intermédio deles, ainda assim sabe projetar essa transformação para fora, na forma de versos escritos. Aqui, aquilo que o verso é para o poeta, é para o filósofo o pensamento dialético: ele o agarra para poder agarrar seu encantamento, para poder petrificá-lo. E, assim como palavra e verso são para o dramaturgo apenas um balbuciar numa língua estrangeira, para nela dizer o que via e vivia, a expressão de qualquer intuição filosófica mais profunda pela dialética e pela reflexão científica é, por um lado, o único meio para compartilhar o vislumbrado, mas, no entanto, também um meio lastimoso, sendo, no fundo, uma transposição nada confiável para uma esfera e uma linguagem totalmente distintas. Assim via Tales a unidade de tudo aquilo que é: e, desejoso de comunicar-se, falava da água!

IV

Enquanto o tipo geral do filósofo emerge, na imagem de Tales, como que saído de um nevoeiro, a imagem de seu grande sucessor já fala conosco de forma muito mais clara. *Anaximandro* de Mileto, o primeiro escritor filosófico da Antiguidade, escreve do modo como o filósofo típico deverá escrever, enquanto o desacanhamento e a ingenuidade não lhe tiverem sido roubados por estranhas exigências: em linguagem pétrea, altamente estilizada, testemunhando a cada frase uma nova iluminação e uma nova expressão do demorar-se em contemplações sublimes. O pensamento e sua forma são marcos miliários no caminho para esta sabedoria suprema. Com essa eficácia lapidar, disse Anaximandro certa vez: "Onde as coisas têm a sua origem – é lá também que devem perecer, por necessidade; pois devem fazer penitência e redimir-se de suas injustiças, conforme a ordem do tempo". Misteriosa sentença de um verdadeiro pessimista, inscrição oracular no marco divisório da filosofia grega, como interpretá-la?

O único moralista sério de nosso século nos apresenta, no *Parergis*, vol. II, uma reflexão similar:

> A justa medida para avaliar qualquer pessoa é considerá-la como um ente que de fato não deveria de todo existir, e que expia sua existência por meio de toda sorte de sofrimentos e pela morte: o que podemos esperar de tal ente? Não somos todos pecadores condenados à morte? Expiamos nosso nascimento primeiro com a vida, e, depois, com a morte.

Quem extrai esse ensinamento da fisionomia do destino conjunto da humanidade e é capaz de reconhecer a má condição fundamental da vida humana já no fato de que jamais se sujeita a uma observação atenta e aproximada – muito embora nossa época, acostumada à epidemia biográfica, aparentemente considere a dignidade humana de forma mais imponente –, quem, como Schopenhauer, ouviu das "alturas do ar indiano" a palavra sagrada sobre o valor moral da existência dificilmente será dissuadido de conceber uma metáfora altamente antropomórfica para extrair este ensinamento taciturno da obscuridade da vida humana e aplicá-lo, por transferência, ao caráter geral de toda existência. Pode não ser lógico, mas é com certeza genuinamente humano, e, ademais, precisamente no estilo desse primeiro desabrochar da filosofia, ver, com Anaximandro, todo o vir a ser como uma emancipação repreensível do ser eterno, como uma injustiça a ser expiada com o ocaso. Tudo que alguma vez veio a ser logo volta a perecer, pouco importando se com isso pensamos na vida humana, na água, ou no calor e no frio: em toda parte, onde quer que se pense encontrar propriedades definidas, poderemos, segundo uma terrível evidência empírica, profetizar o ocaso dessas propriedades. Deste modo, um ser que possua propriedades definidas e que delas se constitua não poderá jamais ser o primórdio e o princípio das coisas; o verdadeiramente existente, concluiu Anaximandro, não pode possuir propriedades definidas, pois, se assim fosse, esta coisa também teria, como todas as outras, que ter sido criada e caminhar para um fim. Para que o vir a ser não cesse, o ser primordial deve ser indefinido. A imortalidade e a eternidade do ser primordial não se encontram na infinitude e na ausência de origem – como via de regra presumem os intérpretes de Anaximandro –, mas na falta de qualidades definidas que o levem ao ocaso: daí também o seu nome, "o indefinido". O assim chamado ser primordial paira sobre o vir a ser e garante, justamente por isso, a eternidade e o livre decurso do vir a ser. Essa unidade final no "indefinido", o ventre materno de todas as coisas, certamente só pode ser concebida de modo negativo, como algo que não possa receber nenhum predicado extraído do mundo do vir a ser presente, e que por isso poderia ser considerado como equivalente à "coisa em si" kantiana.

O nosso filósofo nem mesmo compreendia aqueles que eram capazes de disputar entre si para definir o que, afinal, teria sido esse elemento primordial, se alguma coisa intermediária entre ar e água, ou talvez entre ar e fogo: o que também se pode dizer a respeito daqueles que se perguntam seriamente se Anaximandro teria imaginado sua matéria primordial como mistura de todos os materiais existentes. Devemos, pelo contrário, voltar nosso olhar para lá onde podemos aprender que, já desde que proferiu essa primeira frase lapidar, Anaximandro não mais tratava a pergunta pela origem do mundo de modo puramente físico. Do contrário, por ver na multiplicidade das coisas existentes uma soma de injustiças expiáveis, foi ele o primeiro grego a agarrar com ousadia e tenacidade o emaranhado do mais significativo problema ético. Como pode perecer algo que tem direito a ser? De onde vem esse incessante vir a ser e dar à luz, de onde vem essa expressão contorcida de dor no rosto da natureza, de onde vem o interminável lamento fúnebre em todos os reinos da existência? Foi desse mundo da injustiça, da insolente renúncia à unidade primordial, que Anaximandro escapou para uma fortaleza metafísica, na qual, debruçado, deixa agora seu olhar correr por toda a volta para finalmente, após calar pensativo, questionar todos os seres: qual é o valor de estardes aí? E, se não há valor nisso, para que estais aí? É por vossa própria culpa, constato, que vos demorais nessa existência. Com a morte devereis expiá-la. Vede como definha a vossa terra; os mares minguam e secam, a concha marinha na colina vos mostra em que medida já secaram; o fogo, já agora, destrói o vosso mundo, e finalmente ele irá dissipar-se em vapor e fumo. Mas esse mundo da inconstância irá sempre se reconstruir outra vez: quem poderá livrar-vos da maldição do vir a ser?

A um homem que se faz tais questões, cujo pensamento flutuante rasgava continuamente a costura da empiria para imediatamente apanhar o mais alto impulso supralunar, a este homem é possível que nem toda maneira de viver tenha sido bem-vinda. Acreditamos com gosto na tradição, segundo a qual andava por aí vestido de maneira especialmente digna e demonstrava em atitudes e costumes um sincero orgulho trágico. Vivia como escrevia; falava tão solenemente quanto se vestia, erguia a mão e assentava o pé como se essa existência fosse uma tragédia na qual ele nascera para interpretar o papel do herói. Em tudo isso, foi o grande modelo de Empédocles. Seus concidadãos o escolheram para liderar um movimento migratório para a fundação de uma colônia – talvez se alegrassem em poder ao mesmo tempo honrá-lo e verem-se livres dele. Também seu pensamento emigrou e fundou colônias: em Éfeso e em Eleia não puderam livrar-se dele, e quando não podiam decidir-se a ficar parados ali, onde ele estava, sabiam, no entanto, que tinham sido guiados por ele até ali, onde agora, sem ele, preparavam-se para continuar a marcha.

Tales mostra a necessidade de simplificar o reino da multiplicidade e reduzi-lo a um simples desdobramento ou disfarce da única qualidade existente – a água. Anaximandro vai dois passos além. Primeiramente, pergunta-se: se existe mesmo uma unidade eterna, como é possível essa multiplicidade?, para então extrair a resposta do próprio caráter contraditório, autodestrutivo e negativo dessa mesma multiplicidade. A sua existência torna-se, para ele, um fenômeno moral; ela não está justificada – muito pelo contrário: ela expia-se a si mesma constantemente pelo ocaso. Mas então lhe vem à mente outra pergunta: por que é que tudo existente já não foi há muito por terra, uma vez que já passou toda uma eternidade de tempo? De onde provém o fluxo sempre renovado do vir a ser? Dessa pergunta ele só conseguirá salvar-se por meio possibilidades místicas: o eterno vir a ser só pode ter tido seu primórdio no eterno ser, as condições do decaimento injusto desse ser para um vir a ser são sempre as mesmas, a constelação das coisas constitui-se de tal modo que não se pode prever nenhum fim para este exilar-se do ser individual a partir do seio do "Indefinido". Por aqui ficou Anaximandro: ou seja, ficou sob uma sombra profunda, que se estendia como um fantasma gigantesco por sobre a paisagem de tal visão de mundo. Quanto mais de perto se desejasse abordar o problema de como, pela decadência, surgia do indefinido o definido, do eterno o temporal, do justo a injustiça, mais densa tornava-se a noite.

V

Foi para o meio dessa noite mística, na qual estava envolto o problema do vir a ser de Anaximandro, que adentrou *Heráclito* de Éfeso, iluminando-a com um raio divino. "Observo o vir a ser", exclama ele, "e ninguém assistiu com tanta atenção esse eterno ondular rítmico das coisas. E o que via eu? Regularidades, segurança infalível, as vias sempre idênticas do direito; para cada transgressão à lei, o julgamento das Erínias, o mundo inteiro como o espetáculo de uma justiça soberana e de forças demoníacas onipresentes da natureza a ela subordinadas. Eu não via a punição do que veio a ser, mas a justificação do vir a ser. Quando foi que o sacrilégio, a decadência em formas invioláveis, revelou-se como lei sagradamente reverenciada? Onde domina a injustiça, lá há arbitrariedade, desordem, desregramento, contradição; por outro lado, num mundo como este, onde regem solitárias a lei e a filha de Zeus, Diké*, como poderia existir a esfera da culpa, da

---

* *Diké*: palavra grega que é usualmente traduzida por "justiça". (N.T.)

expiação, do sentenciamento, e, ainda, como poderia este mundo ser o patíbulo de todos os condenados?"

Dessa intuição extraiu Heráclito duas objeções gerais, atreladas entre si, que só podem ser trazidas à luz pela comparação com as proposições de seus predecessores. Primeiramente, desmentiu a dualidade de mundos totalmente diversos, a cuja suposição Anaximandro tinha sido forçado; ele não diferenciava mais um mundo físico de um metafísico, um reino das qualidades determinadas de um reino de indeterminidade indefinível. Após esse primeiro passo, tampouco poderia ser impedido de cometer uma ousadia ainda maior da negação: ele desmentiu o próprio ser. Pois esse mundo, o único que lhe restou – envolto em leis eternas e não escritas, vindo à tona e afundando na brônzea cadência do ritmo –, não evidencia em parte alguma persistência, indestrutibilidade, algum baluarte na correnteza. Mais alto que Anaximandro gritou Heráclito: "Vejo apenas o vir a ser. Não vos deixeis enganar! É devido a vossa miopia, e não à essência das coisas, que credes ver no mar do vir a ser e do perecimento alguma terra firme. Vós empregais os nomes das coisas como se tivessem uma rígida duração: mas até mesmo a correnteza, na qual pondes vossos pés pela segunda vez, não é a mesma que na primeira vez".

Heráclito tem, como posse régia, um poder supremo de representação intuitiva; enquanto se mostra frio, insensível e até mesmo hostil à outra forma de representar, que se dá por meio de conceitos e combinações lógicas, ou seja, a razão, e parece sentir uma certa satisfação quando pode contradizê-la com uma verdade adquirida intuitivamente: e o faz com tanta desfaçatez em frases como "Tudo tem a todo tempo o seu oposto em si" que Aristóteles o acusa do crime supremo diante do tribunal da razão, isto é, de ter pecado contra o princípio da contradição. A representação intuitiva, porém, abrange dois níveis distintos: primeiro, o do mundo atual, que se precipita a nosso encontro, colorido e cambiante, a cada experiência; depois, o das condições primárias pelas quais toda e qualquer experiência desse mundo se faz possível – tempo e espaço. Pois estes, sendo desprovidos de conteúdo definido, podem ser percebidos, ou melhor, observados intuitivamente, desvinculados de qualquer experiência, puramente em si. De modo que Heráclito, observando o tempo dessa maneira, despojado de qualquer experiência, tinha diante de si o mais instrutivo monograma de tudo aquilo que pertencia ao domínio da representação intuitiva. Da mesma maneira que ele reconhecia o tempo, reconhecia-o, por exemplo, também Schopenhauer, tendo alegado muitas vezes que nele cada instante é apenas na medida em que exterminou o anterior, seu pai, para instantaneamente ser ele próprio novamente consumido; que passado e futuro nada mais são além de um sonho; e que o presente é apenas uma fronteira sem dimensão ou duração entre ambos, mas que, como o tempo, também o espaço e, como este, também todo o resto, que é ao mesmo tempo nele e no tempo, tem uma existência meramente relativa, somente por meio de e para um outro de mesmo estatuto, ou seja, que igualmente só persiste relativamente. Essa é uma verdade da mais imediata, mais acessível clareza, e por isso mesmo muito difícil de se alcançar conceitual e racionalmente. Quem, porém, a tiver diante dos olhos, deverá também avançar imediatamente para a consequência heraclítica e dizer que toda a essência da efetividade é, na verdade, somente atividade, e que para ela não há outra forma de ser; Schopenhauer também chegou à mesma concepção (*O mundo como vontade e representação*, I, p. 10):

> Apenas enquanto efetiva ela [a matéria] preenche o espaço e o tempo: seu efeito sobre o objeto imediato* condiciona a percepção, e é somente nesse efeito que ela existe: a consequência da ação de qualquer objeto material sobre outro só é conhecida porque o último age agora de modo distinto do que antes sobre o objeto imediato, e constitui-se somente disso.

---

* Na terminologia schopenhaueriana, o corpo sensível de cada um é considerado um objeto como todos os outros, a não ser pelo fato de ser um objeto *imediato* em relação ao sujeito. (N.T.)

Causa e efeito constituem, portanto, toda a essência da matéria: seu ser é causar. Altamente acertado é, pois, o conceito alemão que denomina o conjunto de tudo que é material como *Wirklichkeit*, palavra que é muito mais significativa do que *Realität*.* Aquilo sobre o qual ela age é sempre igualmente matéria: todo o seu ser e sua essência constituem-se, portanto, apenas da modificação regular, que traz à tona *uma* parte do mesmo no distinto; logo, é totalmente relativa, segundo uma relação que vale somente no interior de suas próprias fronteiras, do mesmo modo que o tempo e o espaço.

A unidade absoluta no eterno vir a ser, a total instabilidade de tudo que é efetivo, que, como nos ensina Heráclito, continuamente age e vem a ser, e jamais é, constitui uma representação assombrosa e atordoante, cuja influência tem como mais próxima de si a sensação de alguém que, durante um terremoto, perde a confiança nos fundamentos da terra em que pisa. Era necessária uma força impressionante para transformar

---

* O alemão tem dois termos para a noção de "realidade". *Realität*, de raiz latina, e *Wirklichkeit*, de raiz germânica. Como o autor ressalta a distinção entre os termos, traduzimos *Wirklichkeit* por "efetividade", uma vez que a raiz da palavra está associada etimologicamente ao verbo *wirken* (fazer efeito). Este último, como é costume nas palavras de raiz germânica, possui um sentido muito mais concreto, e literalmente significa "efetividade". (N.T.)

esse efeito em seu oposto, na sublime e alegre admiração. Esta foi atingida por Heráclito por meio de uma observação do próprio desenrolar de cada vir a ser e perecer, o qual compreendia na forma de polaridades, como a diferenciação de uma força em duas atividades, qualitativamente distintas, opostas e ansiosas pela reunião. Continuamente uma qualidade se desdobra e se divide em seus contrários: continuamente anseiam esses contrários um pelo outro. O vulgo acredita reconhecer algo de rígido, terminado, persistente; na verdade, a todo instante luz e trevas, amargor e doçura estão pegados um ao outro e um pelo outro, como dois combatentes, dos quais por vezes um, por vezes o outro obtém vantagem. O mel é, segundo Heráclito, a um só tempo doce e amargo, e o próprio mundo é um caldeirão que precisa ser constantemente mexido. Todo vir a ser se faz da guerra entre os opostos: as qualidades definidas, que a nós parecem persistentes, expressam apenas a preponderância momentânea de um dos combatentes, mas a guerra não termina com isso; a contenda continua pela eternidade. Tudo ocorre conforme essa luta, e é ela mesma que explicita a justiça eterna. É uma representação maravilhosa, engendrada na mais pura fonte helênica, a qual vê a luta como o domínio contínuo de uma justiça uniforme, severa, atada a leis eternas. Somente um grego estaria na posição de encontrar essa representação como fundamento de uma cosmodiceia; é a boa Éris de Hesíodo*, transfigurada em princípio de mundo, é o pensamento competitivo do indivíduo e do Estado gregos, dos ginásios e palestras, dos artísticos *agonai***, das disputas dos partidos políticos e das cidades entre si, generalizado ao extremo, de modo que as engrenagens do cosmo girassem nele. Assim como todo grego luta como se somente ele estivesse com a razão, e uma medida de julgamento infinitamente segura determinasse, a cada momento, para onde tende a vitória, do mesmo modo lutam as qualidades umas com as outras, de acordo com leis e medidas invioláveis, imanentes à luta. As próprias coisas que as cabeças estreitas dos homens e dos animais creem ser imóveis e imutáveis não têm nenhuma existência real; são apenas o lampejo e o cintilar de espadas desembainhadas, o brilho da vitória na luta das qualidades opostas.

Esse combate, que é próprio de todo vir a ser, esse eterno alternar de vitórias é também descrito por Schopenhauer (*O mundo como vontade e representação*, I, p. 175):

---

* Na mitologia grega, Éris é a deusa da discórdia. Na obra de Hesíodo ela é filha da Noite. (N.T.)

** *Agon* era o nome dado, no teatro grego, às regras que regiam a ordem das falas nos embates verbais entre os atores. Nietzsche faz a comparação no sentido de que são ambos combates que seguem leis rígidas e determinadas. (N.T.)

A matéria persistente necessita alterar constantemente a sua forma, na qual, seguindo o fio condutor da causalidade, empurram-se mutuamente aparições mecânicas, físicas, químicas e orgânicas, ávidas por emergir, arrancando a matéria uma à outra, pois todas desejam manifestar sua ideia. Esse combate está em toda a natureza, e é somente deste que ela se constitui.

As páginas seguintes nos apresentam as mais notáveis ilustrações dessa luta: apenas o tom fundamental dessa descrição é sempre distinto do de Heráclito, pois a luta é para Schopenhauer uma evidência da autodivisão da vontade para a vida, um dilacerar-se a si mesmo dessa sinistra e surda pulsão, o qual é, via de regra, um fenômeno terrível e de modo algum alegre. A arena e o objeto dessa luta é a matéria, a qual as forças naturais buscam alternadamente arrancar umas às outras, bem como o espaço e o tempo, para os quais a matéria nada mais é senão a sua união por meio da causalidade.

VI

Enquanto a imaginação de Heráclito media o cosmo em constante movimento, a "efetividade", com o olho do bem-aventurado espectador que vê pares inumeráveis engajados em alegres brincadeiras de luta sob a guarda de rígidos juízes de guerra, veio-lhe uma noção ainda mais elevada; ele não podia mais observar os pares em luta e os juízes separadamente; os próprios juízes pareciam lutar, os próprios lutadores pareciam julgar a si mesmos – sim, pois, já que considerava, no fundo, apenas a eternamente dominante justiça como verdadeira, ousou exclamar: a própria briga do múltiplo é a única justiça! E, acima de tudo: o uno é o múltiplo. Pois o que são todas essas qualidades, do ponto de vista da essência? Serão deuses imortais? Serão entes separados, funcionando para si perpetuamente desde o princípio? E, se o mundo que vemos conhece apenas vir a ser e perecer, mas nenhuma persistência, não deveriam essas qualidades constituir um mundo metafísico de outro tipo; não um mundo da unidade, como aquele que Anaximandro buscava por detrás do véu esvoaçante da multiplicidade, mas um mundo de eternas e essenciais multiplicidades? Terá Heráclito, após um desvio, retornado à dupla ordenação do mundo, por mais veementemente que a negasse, com um Olimpo de numerosos deuses e demônios imortais – a saber, *muitas* realidades – e com um mundo dos homens, o qual vê apenas a nuvem de poeira da batalha olímpica e o reluzir de lanças divinas – isto é, apenas um vir a ser? Foi justamente contra as qualidades definidas que Anaximandro se refugiou no seio do "indefinido" metafísico; negou-lhes existência verdadeira e essencial, pois elas vinham a ser e pereciam; mas não parecerá agora que o vir a ser é apenas o tornar-se visível de uma batalha entre qualidades eternas? Não deverá ser atribuído à fraqueza característica do conhecimento humano se nós falamos de um vir a ser – quando talvez nem mesmo haja vir a ser no ser das coisas, mas apenas uma justaposição de muitas realidades verdadeiras, não vindas a ser e indestrutíveis?

Essas são falsas trilhas e saídas não heraclíticas; ele exclama mais uma vez: "O uno é o múltiplo". As muitas qualidades que podem ser tomadas como verdadeiras não são nem essências eternas, tampouco fantasmagorias de nossos sentidos (mais tarde, Anaxágoras irá pensá-las como sendo do primeiro tipo, e Parmênides, do último); não são nem o ser estático, automaravilhante, nem aparência fugidia e inconstante nas cabeças dos homens. A terceira possibilidade, a única que resta a Heráclito, não pode ser adivinhada pelo faro dialético, nem pelo recurso ao cálculo: pois o que ele aqui inventou é uma raridade mesmo no âmbito das incredibilidades místicas e das metáforas cósmicas inesperadas. – O mundo é o *jogo* de Zeus, ou, expresso de modo mais físico, do fogo consigo mesmo. O uno é apenas nesse sentido igual ao múltiplo. –

Para explicar, em seguida, a inserção do fogo como uma força formadora do mundo, relembrarei de que maneira Anaximandro desenvolveu a teoria da água como primórdio das coisas. Embora tenha confiado em Tales no que era essencial, fortalecendo e multiplicando suas observações, Anaximandro não se deixou convencer de que não haveria mais outro patamar de qualidades antes e também por detrás da água: pois a própria umidade parecia para ele surgir do quente e do frio, e por isso quente e frio deveriam ser o patamar anterior à água, qualidades ainda mais primordiais. Com seu desprendimento do estado primordial do "indefinido" inicia-se o vir a ser. Heráclito, que, enquanto físico, era subordinado à importância de Anaximandro, ressignifica esse quente anaximândrico como o hálito, a respiração morna, os fumos secos, em resumo, como o ígneo: desse fogo diz ele então o mesmo que Tales e Anaximandro disseram da água, ou seja, que percorre agora, em inumeráveis transformações, as vias do vir a ser, principalmente em suas três formas principais, a saber: quente, úmido e sólido. Pois a água passa parcialmente à terra ao descender, e ao fogo, quando ascende: ou, como Heráclito parece ter expressado melhor: do mar se elevam apenas os vapores puros, que servem como alimento ao fogo celestial dos astros, e da terra apenas os escuros, nebulosos, dos quais o úmido extrai sua nutrição. Os vapores puros são a passagem do mar ao fogo, os impuros são a passagem da terra à água. Assim correm sem cessar as duas vias de transformação do fogo, para cima e para baixo, para lá e para cá, uma ao lado da outra, do fogo à água, de lá para a terra, da terra de volta à água, da água ao fogo. Apesar de Heráclito permanecer discípulo de Anaximandro no que há de mais importante nessas representações – por exemplo, ao aceitar que o fogo é mantido por meio de evaporações, ou que da água se separa por um lado a terra e por outro o fogo –, torna-se independente e o contradiz ao remover o frio do processo físico, enquanto Anaximandro atribuiu-lhe o mesmo valor e o pôs ao lado do quente, para deixar o úmido formar-se de ambos. Fazê-lo foi decerto uma necessidade para Heráclito: pois se tudo deve ser fogo, então não pode haver, por qualquer possibilidade de sua transformação, nada que seja seu oposto absoluto; ele interpretou, então, aquilo que se chama de frio apenas como um grau do quente, e podia justificar essa interpretação sem dificuldades. Muito mais importante, porém, do que essa divergência em relação à doutrina de Anaximandro é uma outra concordância: Heráclito, como aquele, crê em um fim do mundo periódico e repetido, e em um nascimento sempre renovado de um novo mundo a partir do incêndio mundial que a tudo destrói. O período no qual o mundo se precipita em tal incêndio e na dissolução no puro fogo é caracterizado por Heráclito, de modo bastante nítido, como um desejo e uma necessidade, e o estar totalmente devorado pelo fogo como a satisfação; e a nós resta a pergunta de como compreendeu e nomeou o novo impulso de formação do mundo que então acorda, o entornar-se nas formas da multiplicidade. O ditado grego, que diz que "a satisfação engendra o sacrilégio (a *hybris*)", parece ajudar-nos com a ideia; e, de fato, pode-se perguntar por um instante se Heráclito não conduziu tal retorno à multiplicidade a partir da *hybris*. Tomemos essa ideia a sério: sob sua luz o rosto de Heráclito transforma-se diante de nós, o brilho orgulhoso se apaga de seus olhos, surgem-lhe rugas de resignação dolorosa, a impotência se revela, e parece que compreendemos por que a Antiguidade tardia o chamava de o "filósofo que chora". Não é agora todo o processo do mundo um ato punitivo da *hybris*? A multiplicidade, o resultado de uma transgressão? A transformação do puro no impuro, consequência da injustiça? Não fica agora a culpa deslocada para o cerne das coisas, aliviando, com isso, o mundo do vir a ser e dos indivíduos, mas ao mesmo tempo condenando-os a suportar suas consequências sempre outra vez?

VII

Essa palavra perigosa, a *hybris*, é de fato a pedra de toque para todo heraclítico; aqui ele pode mostrar se realmente compreendeu ou não o seu mestre. Existe culpa, injustiça, contradição, sofrimento neste mundo?

Sim, exclama Heráclito, mas apenas para o ser humano limitado, que vê separadamente e não junto, não para o deus omni-intuitivo; para ele, toda contrariedade conflui para uma harmonia, a qual, embora invisível para o olho humano comum, é compreensível para quem, como Heráclito, se assemelha ao deus contemplativo. Diante de seu olhar ígneo não resta nenhuma gota de injustiça no mundo derramado em seu entorno; e mesmo esse impulso fundamental, pelo qual o fogo pode alojar-se em formas tão impuras, é por ele explicado por meio de uma sublime analogia. Um vir a ser e perecer, um construir e destruir, sem qualquer acréscimo moral, numa inocência eternamente idêntica, neste mundo existe apenas no jogo do artista e da criança. E, do mesmo modo que a criança ou o artista brincam, brinca também o fogo eternamente vivo, construindo e destruindo, sem culpa – e esse jogo o éon joga consigo mesmo. Transformando-se em água e terra, ele constrói – como uma criança que faz castelos de areia na praia –, constrói e destrói; de tempos em tempos, recomeça o jogo do início. Um instante de satisfação: então ele é novamente tomado pela necessidade, assim como o artista é forçado por necessidade a criar. Não é um impulso sacrílego, mas o sempre renovado impulso de brincar que invoca novos mundos à existência. A criança, por vezes, deixa de lado o brinquedo: mas logo recomeça a brincar inocentemente. Porém, assim que começa a construir, encaixa e monta e modela de acordo com leis e ordenações que lhe são próprias.

Apenas o homem estético vê o mundo dessa maneira. Pois o homem estético descobriu, no artista e na configuração da obra de arte, que a luta da multiplicidade pode, sim, trazer em si lei e direito; ele viu como o artista permanece, contemplativo, acima da obra de arte e nela atuante; e também como necessidade e jogo, antagonismo e harmonia devem emparelhar-se para a constituição da obra de arte.

Quem irá, ainda, exigir de tal filosofia uma ética, com os imperativos categóricos "tu deves", ou criticar em Heráclito a ausência da mesma? O homem é, até a última fibra, necessidade, e totalmente "não livre" – se compreendermos por liberdade a tola pretensão de poder trocar arbitrariamente de *essentia*, do mesmo modo que se troca de vestido, uma pretensão que toda filosofia séria até agora rechaçou com o devido escárnio. Que tão poucas pessoas vivam com consciência no *logos* e em conformidade com o olhar do artista, que a tudo abrange, deve-se ao fato de suas almas estarem molhadas, e de os olhos e ouvidos do ser humano, bem como o intelecto em geral, serem testemunhas pouco confiáveis, uma vez que "lama úmida envolve sua alma". Não se questiona o porquê disso, tampouco por que o fogo se transforma em água e terra. Pois Heráclito não *precisou* (como Leibniz) provar que esse mundo é realmente o melhor de todos; para ele é suficiente que ele seja o belo e inocente jogo do *éon*. O homem é, para ele, até mesmo no sentido mais genérico, um ente irracional: o que não entra em conflito com o fato de que a lei da razão todo-poderosa se realiza em todo o seu ser. Ele não ocupa de modo algum um lugar privilegiado na natureza, cuja manifestação mais elevada é o fogo, por exemplo na forma de estrelas, mas não o homem simplório. Este é de certo modo mais ajuizado, uma vez que, pela necessidade, toma parte no fogo; na medida em que se constitui de água e de terra, sua razão encontra-se em maus lençóis. Já uma obrigação para reconhecer o *logos*, simplesmente por ser humano, não existe de todo. Mas por que existe água e terra? Esse é para Heráclito um problema muito mais sério do que perguntar-se por que os homens são tão estúpidos e ruins. Tanto no homem mais elevado como no mais desviado revelam-se a mesma regularidade e a mesma justiça imanentes. Porém, se desejássemos fazer a Heráclito a seguinte pergunta: "Por que o fogo não é sempre fogo, por que ele é ora água, ora terra?", responderia apenas, "Trata-se de um jogo; não o leve tão a sério, e acima de tudo não moralmente!" Heráclito descreve apenas o mundo existente, e tem nele o prazer contemplativo do artista que observa sua obra em formação. Ele parece sombrio, taciturno, lacrimoso, obscuro, atrabiliário, pessimista e, sobretudo, odioso apenas àqueles que têm motivos para não se sentirem satisfeitos com sua descrição da natureza do homem. Estes, porém, com suas antipatias e simpatias, com seu ódio e seu amor, teriam lhe sido indiferentes, e ele lhes dedicaria ensinamentos como "Os cães ladram para todos que não conhecem" e "O burro prefere o feno ao ouro".

É também desses descontentes que provêm as numerosas queixas relativas à obscuridade do estilo heraclítico: é provável que nenhum homem jamais tenha escrito mais clara e luminosamente. Ele é, decerto, bastante breve, e, justamente por isso, obscuro para o leitor-maratonista. Por que um filósofo iria escrever intencionalmente de modo obscuro – como se costuma dizer de Heráclito – é totalmente inexplicável, caso este não tenha razões para omitir pensamentos ou seja malicioso o suficiente para ocultar sua ausência de ideias sob palavras. Pelo contrário, deve-se, como diz Schopenhauer, até mesmo nas ocasiões da vida prática comum, evitar meticulosamente, pela clareza, possíveis mal-entendidos; como, então, se poderia, no objeto mais difícil, abstruso, quase inalcançável do pensamento – as tarefas da filosofia –, expressar-se de modo impreciso ou mesmo enigmático? Mas no que tange à brevidade, Jean Paul nos dá uma boa lição.*

No geral é correto que toda grandiosidade – de sentidos múltiplos para um sentido raro – seja expressa apenas de maneira breve e (portanto) obscura, de modo que o gênio raso antes a declare uma insensatez do que a traduza para sua própria ignorância. Pois os gênios ordinários têm uma grotesca habilidade para, diante do dito mais profundo e rico, nada ver a não ser sua própria opinião corrente.

Heráclito, no entanto, não escapou desses "gênios rasos"; já os estoicos o transsignificaram para a superficialidade e reduziram, em proveito do ser humano, sua percepção estética fundamental do jogo do mundo a uma atenção ordinária às utilidades** do mundo: de maneira que

---

* Jean Paul é o pseudônimo do escritor romântico, da passagem do século XVIII para o XIX, Johann Paul Friedrich Richter. (N.T.)

** *Zweckmäßigkeiten* (pl. de *Zweckmäßigkeit*). O termo significa, literalmente, "conformidade em relação a um fim". Nesse sentido, *Zweckmäßigkeit* pode significar tanto "conveniência" ou "utilidade", simplesmente, como também "finalidade", "intencionalidade". Em outros trechos, traduzimo-lo também por "adequação". (N.T.)

de sua física, em tais cabeças, se fez um grosseiro otimismo, com a constante intimação de fulano e sicrano ao *plaudite amici**.

---

* Nietzsche refere-se à exclamação que Beethoven teria proferido em seu leito de morte, após a extrema-unção ter-lhe sido aplicada contra sua vontade: "*Plaudite, amici, comedia finita est*" ("Aplausos, amigos, a comédia chegou ao fim"). (N.T.)

VIII

Heráclito era orgulhoso: e quando se trata do orgulho de um filósofo, este é sempre um grande orgulho. Sua atividade jamais o remete a um "público", ao aplauso das massas e ao coro jubiloso de seus contemporâneos. Trilhar o caminho sozinho pertence à essência do filósofo. Sua vocação é a mais rara, e, de certo modo, a mais antinatural, e por isso é excludente e hostil até mesmo em relação às vocações que se lhe assemelham. O muro de sua autossuficiência deve ser de diamante para que não seja destruído e despedaçado, pois tudo se move contra ele. Sua viagem rumo à imortalidade é mais dificultada e impedida que qualquer outra; e, no entanto, ninguém pode crer que irá alcançá-la com mais segurança do que o filósofo – pois ele nem mesmo sabe onde deve se colocar, se não nas asas abertas de todos os tempos; pois a desatenção a tudo que é contemporâneo e momentâneo está na própria essência da grande natureza filosófica. O filósofo detém a verdade: para onde quer que a roda da história esteja girando, jamais poderá escapar da verdade. É importante aprender que esses homens viveram um dia. Não seria possível, por exemplo, imaginar o orgulho de Heráclito como uma mera possibilidade. Toda ambição pelo conhecimento aparece em si, de acordo com sua essência, como eternamente insatisfeita e insatisfatória. Por isso ninguém acreditaria, a menos que seja instruído pela história, em uma dignidade tão régia, em tamanha convicção de ser o único bem-aventurado libertador da verdade. Essas pessoas vivem em seu próprio sistema solar; é preciso buscá-las dentro dele. Também Pitágoras e Empédocles tratavam-se a si mesmos com uma consideração sobre-humana, quase um temor religioso; mas as amarras da compaixão, ligadas ao grande convencimento na transmigração das almas e na unidade de tudo que é vivo, levavam-nos de volta aos outros homens, à sua cura e salvação. Contudo, não podemos ter mais do que uma noção do sentimento de solidão que permeava o eremita efésio do templo de Ártemis, ainda que observemos a mais selvagem desolação montanhosa. Nele não há um sentimento prepotente de excitação compassiva, dele não flui a ambição de querer ajudar, curar e salvar. Ele é um astro sem atmosfera. Seu olho flamejante, voltado para dentro, encara o exterior de forma mortiça e gélida, como que observando apenas a aparência. À sua volta, as ondas da ilusão e do absurdo batem diretamente contra a fortaleza de seu orgulho: enojado, ele volta-se para outra parte.

Pois até homens sensíveis esquivam-se de uma larva tão asquerosa; é mais compreensível que este ser tenha surgido em uma sacralidade distante, sob imagens de deuses, ao lado de uma arquitetura fria e sublime. Entre os homens, Heráclito era, enquanto homem, inacreditável; e quando era visto, enquanto atentava ao jogo de crianças barulhentas, levava em consideração o que nenhum homem jamais considerou nesta ocasião: o jogo da grande criança cósmica Zeus. Ele não precisava dos homens, nem mesmo para seu conhecimento; nada do que se pudesse perguntar a ele, e que os sábios anteriores esforçaram-se em perguntar, dizia-lhe respeito. Falava com desdém desses homens perguntadores, colecionadores, em suma, desses homens "históricos". "Eu buscava e explorava a mim mesmo", dizia ele a respeito de si, nos mesmos termos com que se designa a exploração de um oráculo: como se ele, e mais ninguém, fosse o verdadeiro cumpridor e realizador do preceito délfico "conhece-te a ti mesmo".

E, aquilo que ouvia desse oráculo, ele o tomava por sabedoria imortal e eternamente significativa, de efeitos ilimitados, segundo o exemplo da fala profética da Sibila. Basta para a humanidade mais tardia compreender na forma de oráculos aquilo que, tal como o deus délfico, Heráclito "não declara nem oculta". Aquilo que proclama, "sem sorrisos, adornos ou unguento" – pelo contrário, de "boca espumante" – *deve* penetrar milhares de anos no futuro. Pois o mundo necessita eternamente da verdade, e, portanto, necessitará eternamente de Heráclito: embora este não precise do mundo. Que importa para *ele* a sua fama? A fama entre o que é "eternamente fluido e mortal!", conforme exclama com escárnio. Sua fama importa aos homens, não a ele; a imortalidade da humanidade necessita dele, mas ele próprio não necessita da imortalidade do homem Heráclito. Aquilo que observava, *a doutrina da lei contida no vir a ser e do jogo contido na necessidade*, precisa, de agora em diante, ser eternamente observada: pois Heráclito fez subir a cortina do maior de todos os espetáculos.

IX

Enquanto o orgulho e a majestade da verdade, mas da verdade apreendida pela intuição, não aquela escalada com a escada de corda da lógica, é proferida em cada palavra de Heráclito, enquanto observa em um êxtase sibílico, mas sem espreitar, enquanto conhece, mas não calcula, o contemporâneo *Parmênides* se lhe é posto ao lado como par complementar; da mesma forma, ele possui o tipo do profeta da verdade, porém esculpido em gelo, e não em fogo, e uma luz fria e ofuscante dele emana. Parmênides teve, certa vez, provavelmente apenas em idade mais avançada, um momento da mais pura, serena e totalmente exangue abstração; esse momento – sem dúvida o menos grego nos dois séculos da era trágica –, cujo produto é a doutrina do ser, tornou-se um marco divisório para sua própria vida e separava-a em dois períodos: simultaneamente, o mesmo momento divide o pensamento pré-socrático em duas metades, a primeira das quais pode ser chamada de anaximândrica, e a segunda, de parmenídica. O primeiro e mais antigo período do próprio filosofar de Parmênides traz ainda a feição de Anaximandro; nele, apresentava-se um sistema filosófico-físico elaborado como resposta às perguntas de Anaximandro. Quando, mais tarde, Parmênides foi tomado pelo gélido calafrio da abstração, e o mais simples dos princípios, aquele que trata do ser e do não ser, foi apresentado por ele, também o seu próprio sistema anterior estava entre aqueles lançados por ele ao aniquilamento. Parmênides, no entanto, parece não ter perdido totalmente a piedade paternal em relação à criança forte e saudável que fora na juventude, e por isso permitiu-se dizer: "Existe, pois, apenas um caminho correto; se alguém desejar, porém, conhecer algum outro, então meu parecer anterior, de acordo com suas qualidades e consequências, é o único direito". Protegendo-se por meio dessa inflexão, Parmênides consagrou, mesmo em seu grande poema sobre a natureza – o qual, na realidade, devia proclamar sua nova noção como o único guia para a verdade –, um lugar amplo e digno ao seu sistema físico anterior. Essa consideração paterna era, ainda que nela se insinuasse um equívoco, um resquício de sensibilidade humana em meio a uma natureza totalmente petrificada por uma rigidez lógica e quase transformada por ela em uma máquina pensante.

Parmênides, cujas relações pessoais com Anaximandro não me parecem implausíveis, e que partia, não apenas provavelmente, mas com toda a certeza, da doutrina de Anaximandro, tinha a mesma desconfiança em relação à completa separação entre um mundo que apenas é e um outro que apenas vem a ser, desconfiança esta que também Heráclito apreendera e conduzira ao desmentir do ser em geral. Ambos buscavam uma saída da oposição e da segregação de uma dupla ordenação do mundo. Esse salto para o indefinido, indefinível, por meio do qual Anaximandro escapara de uma vez por todas do reino do vir a ser e de suas qualidades empíricas, não era fácil para cabeças independentes como as de Heráclito e Parmênides; ambos buscavam primeiramente ir tão longe quanto pudessem, e guardavam o salto para aquele ponto no qual já não é mais possível parar e torna-se forçoso saltar para não cair. Ambos observavam amiúde justamente aquele mundo que Anaximandro condenara com tanta melancolia, e que explicara como sendo o local do sacrilégio e igualmente o purgatório para a injustiça do vir a ser. Em sua observância descobriu Heráclito, como nós já sabemos, a maravilhosa ordem, regularidade e segurança que se revela em cada vir a ser: daí concluiu que o vir a ser em si não podia ser nada de sacrílego e injusto. Parmênides teve uma visão completamente diferente: comparou as qualidades umas com as outras e acreditou descobrir que não eram todas do mesmo tipo, mas que deviam ser organizadas em pares de rubricas. Se comparava, por exemplo, claro e escuro, então a segunda qualidade era manifestamente apenas a *negação* da primeira; e assim diferenciava qualidades positivas e negativas, em um sério esforço por reencontrar e apontar essa oposição fundamental em todo o domínio da natureza. Nisso, seu método era o seguinte: ele tomava alguns opostos – por exemplo, leve e pesado, raro e denso, ativo e passivo –, atendo-se àquela oposição entre claro e escuro como modelo: a propriedade que correspondia ao claro era a propriedade positiva, e a que correspondia ao escuro, a negativa. Caso tomasse, por exemplo, o pesado e o leve, então o leve ficava para o lado da luz, e o pesado do lado do escuro: desse modo, o pesado valia apenas como negação do leve, enquanto o leve valia como uma propriedade positiva. Já o próprio método implica uma disposição para a resistência à insinuação dos sentidos, e para o procedimento lógico-abstrato. O pesado parece, de fato, impor-se com bastante insistência aos sentidos como qualidade positiva; isso não impediu Parmênides de qualificá-lo como uma negação. Do mesmo modo, qualificava como meras negações a terra em oposição ao fogo, o frio em oposição ao quente, o denso em oposição ao rarefeito, o feminino em oposição ao masculino e o passivo em oposição ao ativo, de modo que para seu olhar o nosso mundo empírico se diferenciava em duas esferas distintas: a das propriedades positivas – de caráter claro, ígneo, quente, leve, rarefeito, masculino-ativo – e a das propriedades negativas. Estas últimas exprimem na realidade apenas a carência, a ausência das outras, positivas; ele descreveu, então, a esfera na qual faltam as propriedades positivas como escura, terrosa, fria, pesada, densa e, no geral, como sendo de caráter feminino-passivo. No lugar das expressões "positivo" e "negativo", utilizava ele a terminologia "ser" e "não ser"*, e assim chegou, ao contrário de Anaximandro, à doutrina segundo a qual este nosso mundo contém em si algo que é: todavia também algo que não é. Não se deve buscar por aquilo que é fora do mundo, como que por detrás de nosso horizonte; mas diante de nós, e em toda parte, em todo vir a ser está contido algo que é e que age.

Assim, restava para ele ainda a tarefa de dar resposta mais precisa à questão: "O que é o vir a ser?" – e este foi o momento no qual precisou saltar para não cair, embora, para naturezas como a de Parmênides, qualquer salto equivalha a uma queda. Enfim penetramos na bruma, na mística das *qualitates ocultae* e até mesmo um pouco na mitologia. Parmênides observa, como Heráclito, o vir a ser e a inconstância universais, e só pode interpretar o perecimento de modo que aquilo que não é tenha que ser culpado por ele. Pois como poderia aquilo que é levar a culpa pelo perecimento? Do mesmo modo, porém, a gênese

---

* A forma que Nietzsche utiliza para traduzir as expressões gregas *to ón* e *to me ón* – encontradas no poema de Parmênides – para o alemão é *seiend* e *nicht seiend*. Essa forma participial, que também ocorre na expressão grega, não tem uma tradução simples para o português e significa, aproximadamente, "aquilo que é" e "aquilo que não é". (N.T.)

deve ocorrer com ajuda daquilo que não é: pois o que é sempre existe e não poderia, a partir de si, gerar, quanto menos explicar uma gênese. Desse modo, tanto a gênese como o perecimento são levados a cabo pelas propriedades negativas. Por outro lado, se aquilo que é gerado possui um conteúdo, e se aquilo que perece perde um conteúdo, pressupõe-se que as propriedades positivas – isto é, o conteúdo propriamente dito – estejam igualmente envolvidas em ambos os processos. Resumindo, esta é a origem da doutrina segundo a qual "Para o vir a ser são necessários tanto aquilo que é como aquilo que não é; quando agem conjuntamente, resulta um vir a ser". Mas como se aproximam o positivo e o negativo? Não deveriam, ao contrário, enquanto opostos, se afastar incessantemente um do outro, tornando assim impossível qualquer vir a ser? Aqui Parmênides apela para uma *qualitas occulta*, uma tendência mística daquilo que é oposto a aproximar-se e atrair-se mutuamente, e assim sensualiza toda oposição sob o nome de Afrodite e pelo comportamento empiricamente conhecido do feminino e do masculino, um em relação ao outro. É o poder de Afrodite que acopla os opostos, aquilo que é com aquilo que não é. Um anseio leva os elementos antagônicos e odiosos entre si à união: o resultado é um vir a ser. Quando o desejo é saciado, o ódio e o antagonismo inerentes impelem o que é e o que nao é a se separarem novamente – e então o homem diz que "a coisa perece". –

X

Mas ninguém se atém impunemente a abstrações profanas como o "ser" e o "não ser"; o sangue coagula aos poucos quando se as toca. Houve um dia no qual Parmênides foi tomado de uma estranha impressão, a qual parecia privar de valor as suas combinações anteriores, de modo que quis deixá-las de lado, como uma bolsa de moedas velhas e gastas. Costumeiramente, assume-se que também uma impressão externa, e não apenas a consequência interna de tais conceitos como "ser" e "não ser" esteve ativa na invenção deste dia: a intimidade com a teologia do velho e viajado rapsodo, do cantor de um endeusamento místico da natureza, *Xenófanes* de Cólofon. Xenófanes viveu uma vida fora do comum como poeta andarilho e tornou-se um homem muito ensinado e ensinador, o qual sabia tanto perguntar como narrar; motivo pelo qual Heráclito enquadrava-o entre as naturezas poli-históricas e entre as naturezas "históricas" em geral, no sentido já mencionado. Ninguém poderá calcular, agora, quando e onde lhe ocorreu a mística atração para o uno e o eternamente inerte; talvez seja a concepção do homem ancião, enfim tornado sedentário, para o qual, após a agitação de suas perambulações e após incansáveis aprendizados e pesquisas, o mais alto e o maior surgissem na alma como a visão de um repouso divino, da persistência de todas as coisas em uma panteística paz primordial. De resto, parece-me mera coincidência que, logo no mesmo local, em Eleia, dois homens tenham vivido juntos por algum tempo e que ambos tenham carregado uma concepção de unidade na mente: eles não constituem nenhuma escola e nada têm em comum que um pudesse ter aprendido com o outro para depois o ensinar. Pois a origem de tal concepção de unidade é em um totalmente distinta, até mesmo oposta à do outro; e, caso um tenha conhecido a doutrina do outro, então lhe teria sido necessário, simplesmente para compreendê-la, transpô-la para a sua própria linguagem. Mas nessa tradução era perdido justamente o que havia de específico na outra doutrina. Enquanto Parmênides chegou à unidade daquilo que é puramente por meio de uma suposta consequência lógica, a partir do desdobramento dos conceitos de ser e não ser, Xenófanes é um místico religioso e pertence, com sua unidade mística, propriamente ao século VI. Embora não tivesse uma personalidade transformadora como a de Pitágoras, teve, no entanto, durante suas perambulações, a mesma atração, o mesmo impulso de melhorar, purificar, curar as pessoas. Ele é o professor ético, mas ainda no patamar dos rapsodos; em tempos posteriores, teria sido um sofista. Na ousada reprovação dos costumes e opiniões correntes, não teve na Grécia o seu par; assim, não se retirou para a solidão, como fizeram Heráclito e Platão, mas confrontou justamente aquele público cujo clamor admirado por Homero, cuja inclinação apaixonada pelas honras dos festivais de jogos ginásticos, cuja adoração a rochas com formas humanas censurava, embora não com ódio e desprezo, como um Thersites* ralhento. A liberdade do indivíduo atinge em Xenófanes o nível mais elevado; e ele se aproxima de Parmênides mais nesse abster-se de toda e qualquer convenção do que por essa suprema unidade divina, que certa vez vislumbrou, com um olhar digno desse século, que não partilha praticamente nada em termos de expressão e de palavra com o ser único de Parmênides, e certamente nada em termos de origem.

Foi muito antes em condições opostas a essas que Parmênides encontrou a doutrina do ser. Nesse dia e nessa situação, pôs à prova ambos os seus opostos coatuantes, cujo desejo e ódio constitui o mundo e o vir a ser, aquilo que é e aquilo que não é, as propriedades positivas e negativas – e, de repente, ficou pendurado, des-

---

* Personagem da *Ilíada*. É descrito como um homem feioso e galhofeiro, que critica a ganância de Agamênon e a covardia de Aquiles. Ele também ressurge em Shakespeare e Goethe. Sempre aparece como uma personagem desprezível, que traz alguma opinião polêmica. (N.T.)

confiado, no conceito da propriedade negativa, daquilo que não é. Pois pode algo que não é ser uma propriedade? Ou, mais fundamentalmente: pode, acaso, ser algo que não é? A única forma de conhecimento à qual damos imediatamente uma confiança incondicional, e cujo desmentimento equivale à loucura, é a tautologia $A = A$. Porém justo esse conhecimento tautológico gritava implacavelmente para ele: aquilo que não é, não é! Aquilo que é, é! De repente, Parmênides sentiu um pecado lógico monstruoso pesar sobre sua vida; pois sempre presumira, sem reflexão, que existiam propriedades negativas, ou seja, coisas absolutamente inexistentes, que formalmente se expressariam sob a forma $A = \textit{não } A$: algo que só poderia constituir uma total perversão do pensar. Ocorre que, conforme ele percebeu, todo o conjunto da humanidade julgava com a mesma perversão: ele próprio apenas tomara parte no crime universal contra a lógica. Mas o mesmo instante que o acusa desse crime ilumina-o com a glória de uma descoberta: pois encontrou um princípio, a chave para o segredo do mundo, para além de qualquer ilusão humana; agora, de mãos dadas com a segura e terrível verdade tautológica acerca do ser, Parmênides descende para o abismo das coisas.

No caminho para lá, ele encontra-se com Heráclito – que encontro infeliz! Justamente quando se empenhava na mais severa segregação entre ser e não ser, ele devia odiar mais do que nunca o jogo de antinomias de Heráclito; proposições como "Nós somos e ao mesmo tempo não somos", ou "Ser e não ser são o mesmo, e ao mesmo tempo o distinto", nas quais tudo aquilo que Parmênides acabara de esclarecer e desenredar tornava-se novamente turvo e emaranhado, irritavam-no profundamente: "Fora com os homens", exclamava, "que aparentam ter duas cabeças, mas que no entanto nada sabem! Neles, tudo é fluido, inclusive o pensamento! Eles admiram apaticamente as coisas, e só podem ser surdos e cegos para mesclar de tal maneira os opostos entre si!" A falta de entendimento das massas, glorificada por antinomias infantis e adorada como o apogeu de todo conhecimento, era para ele uma vivência dolorosa e incompreensível.

Agora ele mergulhava no banho frio de suas terríveis abstrações. Aquilo que é verdadeiro deve estar eternamente no presente dele não se pode dizer que "foi" ou que "será". Aquilo que é não pode ter vindo a ser: pois de onde poderia ter surgido? Daquilo que não é? Mas este não é, e não pode trazer nada à existência. Daquilo que é? Mas este não realiza nada mais além de si mesmo. O mesmo ocorre com o perecimento; ele é igualmente impossível, assim como o vir a ser, assim como qualquer mudança, como qualquer crescimento, qualquer redução. Esta proposição tem validade absoluta: tudo aquilo do qual é possível dizer que "foi" ou que "será" não é, e daquilo que é jamais pode-se dizer que "ele não é". Aquilo que é é indivisível, pois onde estará a segunda potência que irá dividi-lo? Ele é imóvel, pois para onde deverá se mover? Ele não pode ser nem infinitamente grande, nem infinitamente pequeno, pois é acabado, e uma infinitude acabada é uma contradição. Assim flutua ele, limitado, acabado, imóvel, equilibrado em toda parte, igualmente completo em cada ponto, como uma esfera, mas não em um espaço: pois, se assim fosse, esse espaço seria algo mais que é. Não podem, no entanto, haver diversas coisas que sejam, pois para separá-las deveria existir algo que não fosse ser: uma suposição que se anula a si mesma. Desse modo, existe apenas a unidade eterna.

Quando Parmênides voltava agora seu olhar para o mundo do vir a ser, cuja existência ele procurara compreender por meio de combinações tão significativas, irritava-se com seus olhos pelo simples fato de verem o vir a ser, e com seus ouvidos, que o ouviam. "Só não sigais o olho estúpido", proclamava agora seu imperativo, "tampouco os ouvidos ressonantes ou a língua, mas provai somente com a força do pensamento!" Com isso, ele consumava a primeira crítica do aparato cognitivo, uma crítica sumamente importante, mesmo que tão insuficiente e tão funesta em suas consequências: segregando os sentidos e a aptidão para pensar abstrações, rasgando em dois a razão, como se fossem duas faculdades distintas, ele destroçou o próprio intelecto, reduzindo-o a esta separação equivocada entre "espírito" e "corpo", a qual, especialmente desde Platão, paira como uma maldição sobre a filosofia. Todas as constatações dos sentidos levam apenas a ilusões, sentencia Parmênides; e sua principal ilusão é justamente o fato de sugerirem que também aquilo que não é seja, e que também o vir a ser tenha um ser. Toda a multiplicidade e todo o colorido do mundo conhecido pela experiência, a sua permutação de qualidades, a ordenação de seu sobe e desce, tudo é jogado de lado impiedosamente como mera aparência e ilusão; dela nada se pode aprender, de modo que todo esforço que se gasta com esse mundo, em essência inexistente e apresentado igualmente de modo enganoso pelos sentidos, é em vão. Quem julga assim, no todo, como o fez Parmênides, deixa com isso de ser um estudioso da natureza no particular; seu interesse pelos fenômenos definha, chega até mesmo a crescer um ódio pelo fato de não poder jamais se livrar dessa eterna fraude dos sentidos. A verdade deve, doravante, viver apenas nas generalidades mais desbotadas, mais afastadas, nos invólucros vazios das palavras mais imprecisas, como em uma morada de teias de aranha: e, ao lado de tal "verdade", senta-se agora o filósofo, igualmente exangue, como uma abstração, envolto por todos os lados em teias de fórmulas. A aranha deseja o sangue de sua vítima; mas o filósofo parmenídico odeia justamente o sangue da vítima, o sangue da empiria por ele sacrificada.

XI

Este era um grego, cujo florescimento foi mais ou menos contemporâneo à eclosão da revolução jônica. Àquela época era possível a um grego fugir da efetividade superabundante como que de um esquematismo enlevador das forças da imaginação – não como o fez Platão, para a terra das ideias eternas, para as oficinas do criador do universo, de modo a apascentar o olhar sob as imaculadas e inquebráveis formas primordiais das coisas – mas para um rígido e mortal silêncio do mais frio e vazio de todos os conceitos: o de ser. Nós desejamos precaver-nos de interpretar um fato extravagante como esse por meio de falsas analogias. Essa fuga não era uma fuga da realidade no sentido da filosofia indiana, ela não era exigida por um profundo convencimento religioso da corruptibilidade, efemeridade e desgraça da existência, cujo fim último, a serenidade no ser, não era almejado como uma imersão mística em *uma* representação arrebatadora, autossuficiente, que é para o homem comum um enigma e um incômodo. O pensamento de Parmênides não carrega consigo nada do obscuro e inebriante perfume indiano, o qual talvez não seja totalmente inverossímil de se presumir em Pitágoras e Empédocles: o surpreendente, neste caso, nessa época, é muito antes justamente o desodorizado, descolorido, desalmado, o não formado, a carência total de sangue, religiosidade e calor ético, o esquemático-abstrato – num grego! –, mas acima de tudo a terrível energia da atração pela *certeza*, em uma era de pensamento mítico e de um fantasismo extremamente flexível. Concedei-me apenas uma certeza, ó deuses, é a prece de Parmênides, e que ela seja, no mar de incertezas, apenas uma tábua larga o suficiente para que se possa deitar sobre ela! Tudo aquilo que vem a ser, que é abundante, colorido, florido, enganoso, sedutor, vivo, tudo isso, tomai apenas para vós: e dai-me somente essa única, pobre, vazia certeza!

Na filosofia de Parmênides preludia-se o tema da ontologia. A experiência não lhe ofereceu em parte alguma um ser tal como ele o pensava, mas, do fato de ele poder pensá-lo, concluiu que ele deveria existir: uma conclusão que repousa sobre o pressuposto de que nós possuímos um órgão do conhecimento, o qual penetra na essência das coisas e que é independente da experiência. O material de nosso pensamento não é, segundo Parmênides, de modo algum proveniente de intuições, mas é de uma origem distinta, de um mundo extrassensorial, ao qual temos acesso direto pelo pensamento. Aristóteles, porém, já fez valer contra todas as conclusões semelhantes que a existência jamais pertence à essência da coisa. Justamente por isso não é possível, a partir do conceito "ser" – cuja *essentia* é, de fato, apenas o próprio ser –, concluir sobre uma *existentia* do ser. A verdade lógica de uma oposição como "ser" e "não ser" é totalmente vazia, caso não possa ser dado o objeto a ela subjacente, a intuição a partir da qual essa oposição é derivada por meio de abstração; ela é, sem esse retorno à intuição, apenas um jogo de representações, pelo qual nada é conhecido de fato. Pois o critério meramente lógico de verdade, como nos ensina Kant, isto é, a concordância de um conhecimento com as leis gerais e formais do entendimento e da razão, é apenas a *conditio sine qua non* e, logo, a condição negativa de toda verdade: a lógica não pode, porém, ir mais adiante, e não pode descobrir, por meio de nenhuma pedra de toque, o erro que diz respeito não à forma, mas ao conteúdo. Porém, se nos empenharmos em buscar um conteúdo para a verdade lógica "aquilo que é, é; aquilo que não é, não é", não encontraremos de fato nenhuma efetividade que se constitua rigidamente segundo essa oposição; eu bem posso dizer de uma árvore que "ela é", em comparação com todas as outras coisas, como que "ela vem a ser", em comparação com ela mesma em um outro momento temporal, como, finalmente, também que "ela não é" – por exemplo, que "ela ainda não é uma árvore", se eu observo uma muda. As palavras são meros símbolos para as relações das coisas entre si e conosco, e não tocam em parte alguma a verdade absoluta: e os próprios termos "ser" e "não ser" designam apenas a relação mais geral que prende todas as coisas umas às outras. Sendo, portanto, a existência das coisas em si indemonstrável, logo, a relação das coisas entre si, o assim chamado "ser" e "não ser", tampouco poderá levar-nos um passo sequer em direção aos domínios da verdade. Jamais avançaremos, com palavras e conceitos, para além da fronteira das relações, para algum fundamento primordial das coisas – e mesmo nas formas puras da sensibilidade e do entendimento, no espaço, no tempo e na causalidade, não ganhamos nada que possa assemelhar-se a uma *veritas aeterna*. É inevitável para o sujeito que lhe seja impossível pretender ver e conhecer algo para além de si mesmo, tão impossível que conhecer e ser são as esferas mais contraditórias entre si. E enquanto Parmênides, na ingênua ignorância da crítica do intelecto de seu tempo, podia acreditar que chegaria, a partir do conceito eternamente subjetivo, a um ser em si, é hoje, desde Kant, de uma ignorância grosseira quando, aqui e ali – especialmente entre teólogos mal-ensinados que querem bancar o filósofo –, se coloca como tarefa da filosofia "apreender o absoluto com a consciência", seja na forma "o absoluto já está dado, se não, como poderia ser buscado?", como se expressou Hegel, ou com a inflexão de Beneke*, pela qual "é necessário que

---

* Friedrich Eduard Beneke (1798-1854): filósofo alemão precursor da psicologia do inconsciente. (N.T.)

o ser esteja de alguma maneira dado, ou que seja alcançável para nós, pois do contrário não poderíamos ter nem mesmo o conceito de ser". O conceito de ser! Como se ele não explicitasse sua origem empírica mais miserável já na etimologia da palavra! Pois *esse** significa, a princípio, apenas "respirar": se o homem a utiliza para todas as outras coisas é porque ele transfere a convicção de que ele mesmo respira e vive, por meio de uma metáfora, isto é, de algo ilógico, para as outras coisas; ele compreende, numa analogia humanizante, sua existência como um respirar. E logo se apaga a significação original da palavra: mas permanece sempre o suficiente para que o homem represente a existência das outras coisas segundo uma analogia com a sua própria existência, ou seja, antropomorficamente, por meio de uma transferência ilógica. Mesmo para o homem, desconsiderando-se tal transferência, a proposição "eu respiro, logo há um ser" é totalmente insuficiente: de modo que deve-se fazer contra ela a mesma objeção que contra o *ambulo, ergo sum* ou *ergo est.***

---

* *Esse* é o verbo "ser" no infinitivo, em latim. (N.T.)

** "Ando, logo existo". Referência a uma famosa objeção de Gassendi à formulação *cogito ergo sum* ("Penso, logo existo") de René Descartes. (N.T.)

XII

O outro conceito, de conteúdo maior que o de ser, e igualmente já inventado por Parmênides, embora ainda não aplicado por ele tão destramente quanto por seu discípulo Zenão, é o do infinito. Não pode existir nada infinito: pois de tal pressuposição resultaria o conceito contraditório de uma infinitude realizada. Uma vez que nossa efetividade, o mundo existente, carrega em toda parte o caráter de uma tal infinitude realizada, então ele significa, segundo sua essência, uma contradição lógica, e, com isso, também uma contradição em relação ao real, e é ilusão, mentira, fantasia. Zenão utilizava-se especialmente do método de comprovação indireta: ele dizia, por exemplo, que "não pode haver movimento de um lugar ao outro: pois, se houvesse tal movimento, então se realizaria uma infinitude completa: mas isso é impossível". Aquiles não pode alcançar, em uma corrida, a tartaruga que tem uma pequena distância de vantagem em relação a ele: pois, apenas para alcançar o ponto do qual a tartaruga começa a correr, ele já deverá ter percorrido inúmeros, infinitos espaços, a saber, primeiro a metade de tal distância, então um quarto, então um oitavo, então um dezesseis avos, e assim por diante *in infinitum*. Caso ele realmente alcance a tartaruga, então este será um fenômeno ilógico, jamais uma verdade, nem uma realidade, nem um ser verdadeiro, mas apenas uma ilusão. Pois não é o possível finalizar o infinito. Um outro meio popular de expressar essa doutrina é com a flecha que, embora voando, está em repouso. A cada instante de seu voo ela tem uma posição: e nessa posição ela está em repouso. Seria agora a soma das infinitas posições de repouso idêntica ao movimento? Seria agora o repouso, quando infinitamente repetido, movimento, ou seja, seu próprio oposto? O infinito é utilizado aqui como solvente da efetividade: ela se desfaz nele. Pois se os conceitos são firmes, eternos e existentes – e ser e pensar coincidem para Parmênides –, se, então, o infinito não pode jamais ser realizado, se repouso não pode jamais se tornar movimento, então, na verdade, a flecha jamais voou: ela nunca saiu do lugar nem do repouso, nenhum momento se passou no tempo. Ou, expresso de outro modo: não há, nessa assim chamada, porém apenas pretensa efetividade, nem tempo, nem espaço, nem movimento. Por fim, a própria flecha é uma ilusão: pois ela origina-se da multiplicidade, da fantasmagoria do não uno produzida pelos sentidos. Supondo-se que a flecha tivesse um ser, então este seria inamovível, atemporal, não vindo a ser, rígido e eterno – uma representação impossível! Supondo-se que o movimento fosse verdadeiramente real, então não haveria repouso, logo, nenhuma posição para a flecha, e, logo, nenhum espaço – uma representação impossível! Supondo-se que o tempo fosse real, ele não poderia ser infinitamente divisível; o tempo do qual a flecha necessitaria deveria constituir-se de um número limitado de momentos temporais, cada um desses momentos deveria ser um átomo – uma representação impossível! Todas as nossas representações levam a contradições, tão logo se tome como *veritas aeterna* o seu conteúdo, que é sempre empiricamente dado, criado desse mundo sensível. Se há movimento absoluto, então não há espaço: se há espaço absoluto, então não há movimento; se há um ser absoluto, então não há multiplicidade. Se há uma multiplicidade absoluta, então não há unidade. Com isso, deveria ficar claro o quão pouco nós tocamos o coração das coisas ou afrouxamos o nó da realidade com tais conceitos: mas Parmênides e Zenão prendem-se, inversamente, à verdade e validade absoluta dos conceitos, e recusam o mundo sensível como sendo o oposto desses conceitos verdadeiros e absolutamente válidos, como uma objetivação do ilógico e do contraditório. Eles partem, em todas as suas demonstrações, do pressuposto totalmente incomprovável, mesmo inverossímil, de que nós possuímos, com tal habilidade conceitual, o mais alto e mais decisivo critério sobre ser e não ser, isto é, sobre a realidade objetiva e seu oposto: tais conceitos não devem confirmar e se corrigir na efetividade, já que são, de fato, derivados dela, mas devem, ao contrário, medir e regular a efetividade, e, no caso de uma contradição com o lógico, até mesmo condená-la. Para poder atribuir a esses conceitos tal autoridade reguladora, Parmênides teve de imputar-lhes o mesmo ser que ele fazia valer como o ser em geral: o pensar e aquela bola una, não vinda a ser e completa daquilo que é, não deviam mais ser compreendidos como dois modos distintos do ser, uma vez que não poderia haver dualidade do ser. Desse modo, tornou-se necessária a noção excessivamente ousada de explicar pensar e ser como idênticos; nenhuma forma da intuição, nenhum símbolo, nenhuma analogia poderia oferecer ajuda nesse caso; uma noção completamente irrepresentável, mas absolutamente necessária. Ela celebrava, na ausência de qualquer possibilidade de reconciliação, o mais elevado triunfo sobre o mundo e as exigências dos sentidos. O pensar e aquele ser bulboso-arredondado, composto de massa morta e rigidamente imóvel, devem, segundo o imperativo parmenídico, para o horror de toda fantasia, coincidir num só, e ser, assim, uma e a mesma coisa. Que essa identidade contradiga os sentidos! É justamente essa a garantia de que ela não provém dos sentidos.

XIII

Aliás, era possível apresentar contra Parmênides também um forte par de *argumenta ad hominem* ou *ex concessis*, os quais, apesar de não possibilitarem trazer a própria verdade à luz, podiam, no entanto, revelar a inverdade de tal separação absoluta entre o mundo dos sentidos e o mundo dos conceitos e da identidade entre ser e pensar. Primeiramente: se o pensar da razão em conceitos é real, então também a multiplicidade e o movimento devem ter realidade, pois o pensamento racional é movimentado, e esse movimento é um movimento de conceito para conceito, ou seja, no interior de uma multiplicidade de realidades. Contra isso não há escapatória, é totalmente impossível qualificar o pensar como uma rígida persistência, como um eternamente imóvel pensar a si mesmo da unidade. Em segundo lugar: se tudo que provém dos sentidos é mera enganação e aparência, se na verdade só existe a real identidade entre ser e pensar, o que são então os sentidos mesmos? Haverão, nesse caso, de ser também mera aparência: uma vez que nem eles coincidem com o pensar, nem o seu produto, o mundo sensível, com o ser. Mas se os sentidos são eles mesmos aparência, do que serão aparência? Como podem eles, enquanto irreais, ainda assim iludir? Aquilo que não é não pode nem mesmo enganar. O "de onde?" da ilusão e da aparência permanece, portanto, um enigma, até mesmo uma contradição. Nós chamamos esses *argumenta ad hominem*, respectivamente, de objeção da razão movimentada e aquela da origem da aparência. Do primeiro segue-se a realidade do movimento e da multiplicidade, do segundo, a impossibilidade da aparência parmenídica; pressupondo-se que se assuma a doutrina principal de Parmênides, aquela sobre o ser, como fundamentada.

Essa doutrina principal, no entanto, diz apenas: somente aquilo que é tem um ser; aquilo que não é, não é. Mas se o movimento for um tal ser, então vale, acerca dele, aquilo que vale, absolutamente e sem exceção, acerca daquilo que é: ele é não vindo a ser, eterno, indestrutível, não aumenta nem diminui. Mas, tendo-se renegado a condição de mera aparência desse mundo, com ajuda daquela pergunta acerca do "de onde?" da aparência, tendo-se protegido da refutação parmenídica o palco do assim chamado vir a ser, da mudança, de nosso rico estar aí multiforme e infatigável, torna-se necessário caracterizar esse mundo da troca e da mudança como uma *soma* de essências verdadeiras, que existem simultaneamente por toda a eternidade. Com essa suposição, naturalmente, tampouco é possível falar de uma mudança ou de um vir a ser em sentido estrito. Mas agora a multiplicidade tem um ser verdadeiro, todas as qualidades têm um ser verdadeiro, inclusive o movimento: e de cada momento desse mundo, mesmo que esses momentos escolhidos ao acaso estejam a milênios uns dos outros, deveria ser possível dizer: todas as essências verdadeiras que nele havia, sem exceção, estão lá simultaneamente, inalteradas, indiminutas, sem crescimento, sem redução. Um milênio depois, o mundo permanece o mesmo, nada se transformou. Se este parece, mesmo assim, totalmente diferente numa vez e noutra, não se trata de uma ilusão, não é nada meramente aparente, mas a consequência do movimento eterno. Aquilo que é verdadeiramente movimenta-se ora de um modo, ora de outro, une, separa, vai para cima, para baixo, confluindo, mesclando-se.

XIV

Com essa representação já penetramos um passo nos domínios da doutrina de *Anaxágoras*. É ele quem levanta, contra Parmênides, com todo ímpeto, essas duas objeções – aquela do pensar movimentado e aquela do "de onde?" da aparência: mas, em sua tese principal, Parmênides subjugou-o, assim como a todos os filósofos e estudiosos da natureza mais jovens. Todos eles negam a possibilidade do vir a ser e do perecer do modo como o bom-senso do povo o imagina para si e como supuseram, com mais reflexão, e ainda assim irrefletidamente, Anaximandro e Heráclito. Um brotar do nada e desaparecer no nada mitológico, uma modificação arbitrária do nada em algo, um trocar, despir e vestir arbitrário de qualidades valiam daquele momento em diante como sem sentido: igualmente, e pelos mesmos motivos, descartou-se a tese da origem do múltiplo a partir do uno, das diversas qualidades a partir da única qualidade primordial – resumindo, a derivação do mundo a partir de um material primordial, à maneira de Tales ou de Heráclito. Agora se erigia o gravíssimo problema de transferir a doutrina do ser não gerado e imperecível para este mundo existente, sem refugiar-se na teoria da aparência e da ilusão pelos sentidos. Mas se o mundo empírico não deve ser apenas aparência, e se as coisas não devem ser derivadas do nada, e tampouco de um "algo" único, então essas coisas devem conter, elas mesmas, um ser verdadeiro, seu material e seu conteúdo devem necessariamente ser reais, e toda mudança pode apenas referir-se à forma, ou seja, ao posicionamento, à ordem, ao agrupamento, à mescla e à separação dessas essências eternas e simultaneamente existentes. Seria como no jogo de dados: os dados são sempre os mesmos, mas, caindo ora de um jeito, ora de outro, eles significam para nós coisas distintas. Todas as teorias mais antigas reconduziam a um elemento primordial para torná-lo seio e causa do vir a ser, seja ele água, ar, fogo ou o indefinido de Anaximandro. Contra isso, Anaxágoras assevera agora que do mesmo jamais pode surgir o distinto, e que a mudança jamais pode ser explicada a partir de uma única coisa que é. Por mais rarefeito ou comprimido que se possa imaginar um suposto material, jamais será possível alcançar, por meio de tal compressão ou rarefação, aquilo que se deseja explicar: a multiplicidade das qualidades. Mas, se o mundo é de fato pleno das mais distintas qualidades, então elas devem, caso não sejam aparência, possuir um ser, isto é, ser eternas, não vindas a ser, imperecíveis e sempre simultaneamente existentes. Pois aparência elas não podem ser, dado que, permanecendo sem resposta a pergunta pelo "de onde?" da aparência, ela responde a si mesma com um sonoro "não". Os pesquisadores mais antigos pretenderam facilitar o problema do vir a ser estabelecendo apenas uma substância, a qual carregaria as possibilidades de todo o vir a ser em seu seio; agora diz-se o contrário: há inumeráveis substâncias, mas nunca mais, nunca menos, e nunca novas. Apenas o movimento lança-as sempre renovadamente umas sobre as outras, feito dados, mesclando-as: pois que o movimento é uma verdade e não uma aparência, isso provou Anaxágoras, contra Parmênides, pela incontestável sucessão de nossas representações ao pensarmos. Nós possuímos, portanto, do modo mais imediato, uma compreensão da verdade do movimento e da sucessão justamente no fato de pensarmos e termos representações. Desse modo tira-se do caminho de uma vez por todas o ser rígido, repousante, morto e uno de Parmênides; há seguramente muitas coisas que são, e é igualmente seguro que todas essas muitas coisas que são (existências, substâncias) estão em movimento. Mudança é movimento – mas de onde provém o movimento? Se esse movimento deixa a essência propriamente dita dessas muitas substâncias independentes e isoladas totalmente intocada, não *deverá* ele próprio ser, de acordo com o conceito mais rígido daquilo que é, estranho a essas substâncias tomadas em si? Ou pertence ele mesmo assim às próprias coisas? Encontramo-nos diante de uma decisão importante: logo que tomarmos um rumo, penetraremos no terreno de Anaxágoras, de Empédocles ou de Demócrito. A seguinte grave questão deve ser colocada: se há muitas substâncias, e se essas se movimentam, o que as faz se moverem? Movimentam-se umas às outras? Será apenas a gravidade que as move? Ou haverá poderes mágicos de atração e repulsão nas próprias coisas? Ou estará o motivo do movimento fora dessas muitas substâncias reais? Ou, perguntando de forma mais rigorosa: quando duas coisas revelam uma sucessão, uma modificação mútua de estado, isso parte delas mesmas? E deve-se explicar o ocorrido mecânica ou magicamente? Ou, se não for nenhuma destas, será alguma terceira coisa que as move? É um problema terrível: pois Parmênides, mesmo pressupondo múltiplas substâncias, teria podido, ainda assim, comprovar, contra Anaxágoras, a impossibilidade do movimento. Pois ele poderia dizer, por exemplo: tomemos dois entes que são em si, cada um destes com um ser totalmente diferenciado, autônomo e incondicionado – e é dessa sorte que são as substâncias Anaxagóricas –; estes jamais poderão chocar-se um com o outro, nem mover-se, nem atrair-se mutuamente; não há entre eles nenhuma causalidade, nenhuma ponte, eles não se tocam, não incomodam um ao outro, um não tem nenhuma relação com o outro. O choque é assim tão inexplicável quanto a atração mágica; aquilo que é necessariamente estranho a outro não pode ter qualquer tipo de influência sobre este, nem vice-versa, e logo também não pode se movimentar, nem se deixar movimentar. Parmênides teria acrescentado, ainda: a única saída que vos resta é atribuir o movimento às próprias coisas; mas então, tudo aquilo que vedes e conheceis como movimento será, ainda assim, apenas uma ilusão e não o verdadeiro movimento, pois a única forma de movimento cabível para essas substâncias necessariamente peculiares seria apenas uma movimentação sobre si mesmas sem qualquer efeito. No entanto, pressupondes o movimento justamente para explicar os efeitos da troca, do deslocamento no espaço, da mudança, enfim, as causalidades e relações das coisas entre si. Mas logo esses efeitos não se explicariam e permaneceriam tão problemáticos quanto antes; por isso, não se pode em absoluto deixar de notar a inutilidade de pressupor um movimento, uma vez que ele nem mesmo pode realizar aquilo que dele desejais. O movimento não atinge a essência das coisas, e lhe é eternamente estranho.

Para superar uma tal argumentação, esses inimigos da unidade imóvel eleática deixaram-se seduzir por um preconceito proveniente da sensibilidade. Parece irrefutável que tudo aquilo que é verdadeiramente seja um corpo que preenche o espaço, um torrão de matéria, grande ou pequeno, mas em todo caso espacialmente extenso: de modo que dois ou mais desses torrões não podem ocupar um mesmo espaço. A partir desta pressuposição, supôs Anaxágoras – assim como, mais tarde, também Demócrito – que deviam chocar-se entre si, caso viessem a se encontrar no curso de seus movimentos, que eles disputariam o mesmo espaço, e que essa luta seria, então, a causa de toda mudança. Em outras palavras: aquelas substâncias totalmente isoladas, completamente distintas entre si, não eram, na verdade, concebidas como absolutamente distintas, mas tinham, todas elas, devido a uma qualidade específica e deveras peculiar, um substrato totalmente idêntico: um pedaço de matéria que preenche o espaço. Enquanto participantes da matéria, estavam todas em pé de igualdade e podiam, por isso, agir umas sobre as outras, isto é, chocar-se entre si. Sendo assim, a mudança não dependeria da distinção entre tais substâncias, mas somente de sua identidade enquanto matéria. Encontramos aqui um deslize lógico na base da pressuposição de Anaxágoras: pois aquilo que é verdadeiramente em si deve ser totalmente incondicionado e uniforme, e não pode, por isso, pressupor nada como sua causa – enquanto que todas aquelas substâncias anaxagóricas ainda possuem uma condição, a matéria, cuja existência pressupõem de antemão: a substância "vermelho", por exemplo, era para Anaxágoras não apenas o vermelho em si, mas, além disso, ocultamente, também um pedaço de matéria sem qualidades. Apenas por meio dela o "vermelho em si" agia sobre outras substâncias, não com a vermelhidão, mas com aquilo que não é vermelho, nem colorido, totalmente indefinido qualitativamente. Se se tivesse tomado o vermelho enquanto vermelho, em sentido rigoroso, como a verdadeira substância em si, isto é, sem tal substrato, então Anaxágoras certamente não teria ousado falar de uma ação do vermelho sobre outras substâncias, e com certeza não o teria expressado dizendo que o "vermelho em si" encadearia por meio do impulso o movimento apreendido do "carnal em si". Então ficaria claro que aquilo que é verdadeiramente jamais poderá ser movimentado.

XV

Deve-se olhar para os oponentes dos eleatas para apreciar as vantagens extraordinárias da suposição de Parmênides. Que embaraços – dos quais Parmênides escapara – esperavam por Anaxágoras e todos aqueles que acreditavam em uma multiplicidade de substâncias na pergunta: quantas substâncias? Anaxágoras realizou o salto, fechou os olhos e disse: uma quantidade infinita. Desse modo, ao menos contornava a demonstração incrivelmente trabalhosa de um número definido de materiais elementares. Uma vez que esses deviam existir há uma eternidade, sem aumento ou modificação, encontrava-se nessa suposição a contradição de uma infinitude pensada como cerrada e completa. Resumidamente, a multiplicidade, o movimento, a infinitude, afugentados por Parmênides por meio da admirável proposição sobre o ser uno, retornavam do exílio e arremessavam sua munição sobre os oponentes de Parmênides, causando ferimentos para os quais não há nenhuma cura. Sem dúvida esses oponentes não possuem uma consciência clara da terrível força do pensamento eleático: "não pode haver tempo, nem movimento, nem espaço, pois só podemos pensá-los como infinitos, a saber, uma vez como infinitamente grandes, e, logo, também como infinitamente divisíveis; mas tudo que é infinito não tem um ser, não existe" – algo de que ninguém que tome rigorosamente o sentido da palavra "ser" e que considere impossível a existência de algo contraditório, como por exemplo uma infinitude acabada, pode duvidar. Mas, se justamente a efetividade nos apresenta tudo apenas sob a forma da infinitude realizada, então se vê logo que ela mesma se contradiz, ou seja, que não possui uma realidade verdadeira. E, se esses oponentes desejassem objetar, dizendo: "mas em vosso próprio pensar há uma sucessão, logo vosso pensamento também não pode ser real e, sendo assim, tampouco poderá provar qualquer coisa", então Parmênides talvez tivesse respondido, semelhantemente a Kant em um caso parecido, diante de uma objeção como essa, afirmando que

> [...] de fato, posso dizer que minhas representações seguem-se umas às outras: mas isso quer dizer apenas: nós nos tornamos conscientes delas como que em uma ordem temporal, isto é, segundo a forma do sentido interno. O tempo é, portanto, não algo em si, nem uma determinação objetivamente atrelada às coisas.*

---

* KANT, I., *Crítica da razão pura*, III.

Ou seja, dever-se-ia distinguir o puro pensar, que seria atemporal como o ser uno parmenídico, da consciência desse pensar, pois esta última já traduziria o pensar para a forma da aparência, ou seja, da sucessão, da multiplicidade e do movimento. É possível que Parmênides tenha se servido dessa saída: nesse caso, deveríamos, então, fazer-lhe a mesma objeção que A. Spir (*Pensamento e efetividade*, p. 264)* fez a Kant.

Que fique claro, em primeiro lugar, que eu não posso saber nada de tal sucessão se não tiver seus membros sucessivos simultaneamente em minha consciência. A representação de uma sucessão não é, portanto, de modo algum sucessiva, e por consequência é também totalmente distinta da sucessão em si de nossas representações. Em segundo lugar, a suposição de Kant implica absurdos tão gritantes que é espantoso pensar como ele pôde não ter lhes dado atenção. Segundo essa suposição, César e Sócrates não estão realmente mortos, mas vivem ainda, tão bem como há dois mil anos, e meramente aparentam estar mortos, devido a uma disposição de meu "sentido interno". Pessoas do futuro vivem já hoje, e se elas ainda não se adiantaram como vivas, então é de se culpar igualmente essa disposição do "sentido interno". Aqui cabe perguntar, antes de mais nada: como podem os próprios início e fim da vida

---

* Afrikan A. Spir (1837-1890): filósofo neo-kantiano russo-ucraniano. (N.T.)

consciente, juntos com todos os seus sentidos internos e externos, existir apenas na apreensão do sentido interno? Pois a realidade da mudança é um fato inegável. Se arremessam-na janela afora, ela logo entra de novo, enfiando-se pelo buraco da fechadura. Dir-se-á: "apenas parece a mim que situações e representações mudam" – mas então essa aparência é ela mesma algo de objetivo e existente, e nela a sucessão possui, sem dúvida, uma realidade objetiva, nela as coisas seguem-se realmente umas às outras. – Além disso, é preciso notar que a Crítica da Razão como um todo só pode ter razão e estar em seu direito sob a condição de que nossas representações apareçam elas próprias tais como são. Pois, se até as representações aparecessem para nós de maneira distinta do que efetivamente são, então também não seria possível construir acerca delas nenhuma asserção válida, ou seja, não se poderia fundar nenhuma teoria do conhecimento e nenhum exame "transcendental" de validade objetiva. Não restam, portanto, dúvidas de que nossas representações aparecem, elas mesmas, como sucessivas.

A consideração dessa sucessão e dessa agitação indubitavelmente seguras forçou Anaxágoras a uma hipótese notável. Visivelmente as representações movimentavam-se a si mesmas, não eram empurradas e não tinham nenhum princípio de movimento fora de si. Então existe algo, dizia ele para si, que carrega a origem e o início do movimento em si mesmo. Em segundo lugar, porém, notou que essa representação movimenta não só a si própria, mas também algo completamente distinto, o corpo. Ele descobre, portanto, na experiência mais imediata, um efeito de representações sobre matéria extensa, o qual se faz conhecer por intermédio do movimento desta última. Isso valia para ele como fato; apenas secundariamente ele se comprazia em esclarecer também esse fato. Por fim, ele tinha um esquema regulativo para o movimento no mundo, que agora pensava ou como o movimento das entidades verdadeiras e isoladas movidas pelo representante*, o *nous*, ou como movimento a partir do já previamente movimentado. Que essa última forma, a transposição mecânica de movimentos e topadas, também contivesse em si um problema diante de seu pressuposto fundamental deve ter lhe escapado: a generalidade e o aspecto cotidiano do efeito por choque possivelmente embotara seu olhar, fazendo passar-lhe despercebido o aspecto enigmático do mesmo. Em contrapartida, Anaxágoras certamente admitiu com facilidade a natureza problemática, mesmo contraditória, de um efeito de representações sobre substâncias que fossem em si, e buscava por isso reconduzir também esse efeito a um empurrar e chocar-se mecânico, que para ele valesse como explicável. O próprio *nous* era uma tal substância em si, e

---

* No sentido daquele que tem representações, ou seja, o sujeito – no caso, o *nous*. (N.T.)

foi caracterizado por ele como uma matéria bastante delicada e fina, dotada da qualidade específica do pensar. Tendo assumido esse caráter, o efeito dessa matéria sobre a outra matéria deveria ser inteiramente do mesmo tipo daquele que uma outra substância tem sobre uma terceira, a saber, movimentos mecânicos por meio de empurrões e choques. Ainda assim, ele tinha agora uma substância, a qual movimentava a si mesma e a outras, cujo movimento não provinha de fora e não dependia de ninguém além dela mesma: enquanto que parecia quase indiferente como essa automovimentação deveria ser pensada – possivelmente algo como o empurrar-se mutuamente de um lado para o outro de pequenas e delicadas esferas de mercúrio. Dentre todas as questões que dizem respeito ao movimento, não há nenhuma mais incômoda do que a pergunta sobre o seu início; pois se é possível pensar todos os outros movimentos como consequências e efeitos, então se faz necessário explicar o primeiro, o movimento primordial; para os movimentos mecânicos, o primeiro elo da corrente não pode de modo algum ser um movimento mecânico, já que isso significaria o mesmo que recorrer ao conceito paradoxal da *causa sui*. Mas, igualmente, tampouco é pertinente conferir movimento próprio às coisas eternas e incausadas, como que presente desde seu início, como uma dádiva de sua existência. Pois o movimento não é imaginável sem uma direção para onde ir nem por onde ir, isto é, enquanto mera relação e condição; uma coisa deixa de ser em si e incausada se ela se refere necessariamente e segundo sua natureza a algo existente fora de si. Nesse embaraço, Anaxágoras julgava possuir uma ajuda e salvação fora do comum nesse *nous*, que movimentava a si mesmo sem depender de mais nada: pois sua essência é escura e velada o suficiente para poder dissimular o fato de que também a sua suposição envolve, no fundo, aquela *causa sui* proibida. É algo manifesto, para a observação empírica, que a representação não é uma *causa sui*, mas o efeito do cérebro, e sob essa ótica deverá parecer um estranho exagero separar o "espírito", o conteúdo cerebral, de sua *causa*, e ainda presumir a sua existência após essa dissolução. Foi o que fez Anaxágoras; ele esqueceu-se do cérebro, de sua impressionante engenhosidade, da delicadeza e complexidade de seus sinuosos condutos, e decretou o "espírito em si". Quanto a esse "espírito em si", somente ele, dentre todas as substâncias, possuía o livre arbítrio – um conhecimento maravilhoso! Podia começar a qualquer hora com o movimento das coisas fora de si, e, por outro lado, passar tempos intermináveis ocupado consigo mesmo – em suma, Anaxágoras podia supor um *primeiro momento* do movimento, em tempos primordiais, como o ponto germinal de todo o assim chamado vir a ser, isto é, de toda mudança, de todo deslocar e rearranjar das substâncias eternas e de seus pedacinhos. Mesmo que o próprio espírito seja eterno, ele não está de modo algum obrigado a se torturar há eternidades empurrando os grãos de matéria: e deve ter havido um tempo e um estado de tais matérias – sendo indiferente se de curta ou longa duração – no qual o *nous* ainda não havia agido sobre elas, no qual elas ainda encontravam-se imóveis. É esse o período do caos anaxagórico.

XVI

O caos anaxagórico não é nenhuma concepção imediatamente esclarecedora: para apreendê-la, é necessário ter compreendido a representação do assim chamado vir a ser que nosso filósofo criou para si. Pois do estado de todas as diversas existências elementares antes de qualquer movimento, se tomado em si, não é de modo algum necessário que resulte uma mistura absoluta de todas as "sementes das coisas", como diz a expressão de Anaxágoras – uma mistura que ele imaginava como uma confusão total até as partes mais diminutas, na qual todas essas existências elementares estariam pulverizadas e reduzidas a átomos de poeira, de modo que, nesse estado, pudessem ser remexidos no caos, como em um caldeirão. Poder-se-ia dizer que uma tal concepção do caos não contém nada de necessário; seria suficiente supor somente um estado qualquer ao acaso de todas essas existências, mas não que elas estejam divididas ao infinito; um enfileiramento desregrado já seria suficiente, não sendo necessária nenhuma confusão, e menos ainda uma confusão tão completa. Como, então, chegou Anaxágoras a essa representação difícil e complicada? Como já dissemos, por sua interpretação do vir a ser empiricamente dado. A partir da experiência, ele criou primeiramente uma proposição altamente notável, e essa proposição forçou, como sua consequência, uma tal doutrina do caos.

A observação dos processos de gênese na natureza, e não um voltar-se para um sistema anterior, levou Anaxágoras à doutrina segundo a qual *tudo provém de tudo*: era essa a convicção do pesquisador da natureza, fundada sobre uma indução múltipla, no fundo radicalmente insuficiente. Ele a provava do seguinte modo: se até mesmo o oposto pode ser gerado do oposto, como por exemplo o preto do branco, então tudo é possível: e isso realmente ocorria na dissolução da neve branca em água negra. Ele explicava a nutrição do corpo dizendo que nos alimentos devia haver pequeninos e invisíveis componentes de carne ou de sangue ou de osso, os quais se destacavam durante a alimentação e uniam-se com o que lhes fosse semelhante no corpo. Mas se tudo pode vir a ser a partir de tudo, o sólido do líquido, o duro do macio, o preto do branco, o carnal do pão, então tudo também precisa estar contido em tudo. Os nomes das coisas expressam, assim, apenas a preponderância de uma substância sobre as outras, que também estariam presentes em massas menores, muitas vezes inverificáveis. O ouro, isto é, aquilo que designamos *a potiore* pelo nome de ouro, deve também conter em si prata, neve, pão e carne, mas em porções muito diminutas, e assim chamamos o todo de acordo com o preponderante, a substância ouro.

Mas como é possível que uma substância seja preponderante e que preencha uma coisa com uma massa maior do que as outras? A experiência mostra que é apenas por meio do movimento que a preponderância gradativamente se realiza, e que esta, portanto, é o resultado de um processo, o qual normalmente chamamos vir a ser; que tudo esteja em tudo é, por outro lado, não o resultado de um processo, mas, ao contrário, o pressuposto de todo o vir a ser e de todo o estar em movimento, e, portanto, precede todo e qualquer vir a ser. Em outras palavras: a empiria ensina que constantemente – por exemplo, na nutrição – o idêntico é levado a unir-se com o idêntico, o que quer dizer que originalmente ele não era coeso e aglomerado, mas dividido. Vê-se, nos fenômenos empíricos observados, o idêntico sempre sendo extraído e posto em movimento a partir do não idêntico (por exemplo, os pedacinhos de carne que são extraídos do pão pela nutrição etc.), e assim se conclui que a confusão das diferentes substâncias é a forma mais antiga da constituição das coisas e encontra-se, temporalmente, antes de qualquer vir a ser e movimento. Se, desse modo, todo o assim chamado vir a ser é uma segregação que pressupõe uma mistura, então se pergunta que grau essa mistura, essa confusão, precisaria ter tido originalmente. Embora o processo consista numa movimentação do semelhante para o semelhante, mesmo o vir a ser já tendo durado um tempo imenso, ainda assim pode-se reconhecer como até hoje ainda estão contidas em todas as coisas os restos e grãos germinais de todas as outras coisas, aguardando por sua segregação, e como apenas aqui e ali uma preponderância se estabelece; a mistura primordial deve ter sido completa, isto é, deve ter ido até o infinitamente pequeno, uma vez que a desmisturação exige um período infinito de tempo. Para isso, deve-se agarrar firmemente a ideia de que tudo que possua um ser essencial deve ser divisível ao infinito, sem com isso perder a sua especificidade.

Depois dessas suposições, Anaxágoras imagina a existência primordial do mundo como algo semelhante a uma massa poeirenta de pontos sólidos infinitamente pequenos, dos quais cada um é simples em termos de especificidade e possui apenas uma qualidade, mas de tal modo que cada qualidade específica seja representada por uma quantidade infinita de pontos individuais. Aristóteles chamou tais pontos de homeômeros, em consideração ao fato de serem partes semelhantes entre si de um todo que, por sua vez, é semelhante a suas partes. Seria, porém, um grande erro igualar a confusão primordial de todos esses pontos, essas "sementes das coisas", ao elemento primordial único de Anaximandro; pois este último, chamado de "indefinido", é uma massa totalmente uniforme e homogênea, e o primeiro, um agregado de elementos. É verdade que se pode dizer desse agregado de elementos o mesmo que do "indefinido" de Anaximandro, como o faz Aristóteles; ele não podia ser nem branco nem cinza nem preto, nem colorido de nenhuma maneira, era insípido, inodoro, e, como um todo, indeterminado em termos tanto quantitativos quanto qualitativos: até aí alcança a semelhança entre o indefinido anaximândrico e a mistura primordial anaxagórica. Mas, sem contar com essa semelhança negativa, eles se diferenciam positivamente pelo fato de o último ser um composto, enquanto o primeiro é uma unidade. Anaxágoras tinha, pela suposição de seu caos, pelo menos a vantagem sobre Anaximandro de não precisar derivar a multiplicidade da unidade, aquilo que vem a ser daquilo que é.

É certo que ele precisava permitir uma exceção em sua mistura total das sementes: o *nous* não se misturava então, e nem está misturado hoje com nenhuma coisa. Pois se fosse passível de mesclar-se com um ser que fosse, então teria de morar, em repartições infinitas, em todas as coisas. Essa exceção é logicamente deveras precária, sobretudo diante da natureza material com a qual o *nous* fora anteriormente caracterizado – ela tem algo de mitológico e parece arbitrária, mas era, segundo as premissas anaxagóricas, uma rígida necessidade. O espírito também deve ser divisível até o infinito, como todo outro material, apenas não por outros materiais, mas por si próprio. Mas, mesmo dividindo-se a si próprio e sendo ora grande, ora pequeno e aglomerado, ele mantém a mesma massa e qualidade desde toda a eternidade: e aquilo que, neste momento, no mundo todo, em animais, plantas, humanos, é espírito, também o era há um milênio, sem acréscimo ou dedução, mas apenas distribuído diferentemente. Mas, onde quer que tenha tido uma relação com alguma outra substância, jamais se misturou com ela; pelo contrário, agarrava-a voluntariamente, movia-a e a empurrava segundo seu desejo, isto é, dominava-a. O espírito, o único que tem movimento em si, possui também exclusivamente a soberania no mundo e demonstra-a pela movimentação dos grãos de substância. Mas para onde ele os move? Ou será imaginável um movimento sem direção, sem rotas? Será o espírito tão arbitrário em seu empurrar quanto o é em relação a quando empurra e quando não empurra? Em suma, será que o acaso, isto é, a mais cega arbitrariedade, reina no domínio do movimento? Nessa fronteira penetramos a porção mais sagrada do âmbito da representação anaxagórica.

XVII

O que devia ser feito com aquela confusão caótica da situação primordial antes de todo o movimento, para que dela, sem nenhum acréscimo de novas substâncias e forças, surgisse o mundo existente, com as órbitas regulares das estrelas, com as formas ordenadas das estações do ano e dos períodos do dia, com a sua variedade de beleza e ordem – ou seja, para que do caos surgisse um cosmo? Isso só pode ser consequência do movimento, mas de um movimento determinado e astuciosamente disposto. Esse próprio movimento é o meio do *nous*, sendo seu fim a completa segregação do idêntico, uma meta até agora inalcançada, porque a desordem e a mistura eram inicialmente infinitas. Essa meta só pode ser perseguida por meio de um processo gigantesco, e não alcançada de uma vez com um passe de mágica mitológico: quando, alguma vez, em um momento infinitamente distante, se vier a alcançar o estado no qual tudo que é semelhante seja reunido, de modo que as existências primordiais descansem, indivisas, na mais perfeita ordem, quando cada pedacinho tiver encontrado seus companheiros e seu lar, quando tiver início a grande paz após o grande despedaçamento e fragmentação das substâncias, e quando não houver mais nada fragmentado ou dividido, então o *nous* retornará à sua automovimentação e não mais vagará pelo mundo, fragmentado, ora em massas maiores, ora menores, como espírito vegetal ou animal, hospedando-se em matéria alheia. Por enquanto a tarefa ainda não foi levada a cabo: mas a forma do movimento que o *nous* inventou para realizá-la denota uma consonância formidável com essa finalidade, pois, por meio desse modo de mover-se, a tarefa é resolvida um pouco mais a cada instante. Seu movimento é de caráter circular, concêntrico e progressivo: em algum ponto da mistura caótica ele começou, com uma pequena rotação, e, em órbitas cada vez maiores, esse movimento circular varre tudo quanto existe, precipitando por toda parte o idêntico em direção ao idêntico. Primeiramente esse impulso rotatório traz tudo que é denso para o denso, tudo que é raro para o raro, e igualmente tudo que é escuro, claro, úmido, seco, para seu semelhante: para além dessas rubricas gerais há duas que são por sua vez ainda mais abrangentes, a saber, o éter, quer dizer, tudo que é quente, claro e raro, e o ar, que designa tudo que é escuro, frio, pesado e duro. Pela segregação das massas etéreas em relação às aéreas forma-se, como o próximo efeito dessa roda que gira em círculos cada vez maiores, algo semelhante a um turbilhão causado por alguém em um espelho d'água: as partes componentes mais pesadas são levadas ao centro e aglomeradas. Forma-se, assim, um ciclone que progride através do caos; os componentes raros, claros e etéreos vão para fora, e aqueles que são nebulosos, pesados e úmidos, para dentro. Então se segrega, no desenrolar desse processo, daquela massa aérea que se aglomera no interior, a água, e da água, o terroso, e do terroso, pela ação do frio terrível, as rochas. Por sua vez, algumas massas rochosas são arrancadas lateralmente da terra pela força da rotação e arremessadas para o domínio quente e claro do éter; lá, trazidas à incandescência pelos elementos ígneos dessa esfera e carregadas junto com o movimento circular etéreo, emitem luz, iluminando e aquecendo a Terra, em si escura e fria, na forma de sol e estrelas. A concepção toda é de uma audácia e de uma simplicidade extraordinárias, e não tem nada daquela teleologia desajeitada e antropomorfizada que é frequentemente associada ao nome de Anaxágoras. Essa concepção tem sua grandeza e seu orgulho justamente no fato de que faz decorrer desse círculo movimentado todo o cosmo do vir a ser, enquanto Parmênides via o ser verdadeiro como uma esfera morta em repouso. Uma vez que esse círculo é movimentado pela primeira vez e posto em rotação pelo *nous*, então toda a ordem, regularidade e beleza do mundo são a consequência natural desse primeiro impulso. Que injustiça se faz a Anaxágoras quando se interpreta erroneamente a manifesta abstenção da teleologia nessa concepção, falando desdenhosamente de seu *nous* como que de um *deus ex machina*. Pelo contrário, Anaxágoras poderia, pelo afastamento de intervenções miraculosas mitológicas e deísticas, e de finalidades e utilidades antropomórficas, ter se utilizado das mesmas palavras orgulhosas que Kant profere em sua *História natural do céu*. Pois se trata de um pensamento sublime reconduzir inteiramente a maravilha do cosmo e a impressionante organização das órbitas estelares a um movimento simples e puramente mecânico, a uma figura matemática em movimento, não a intenções e às mãos interventoras de um deus mecânico, mas apenas a uma espécie de impulso que, uma vez começado, é necessário e definido em seu decorrer, atingindo efeitos que se igualam ao cálculo mais afinado da perspicácia e ao mais refletido finalismo, sem sê-los. Como nos diz Kant:

> Eu gozo da satisfação de ver realizar-se, sem a ajuda de ficções arbitrárias, sob o grilhão de leis do movimento bem definidas, um todo bem-ordenado, o qual é tão semelhante ao nosso sistema cósmico que não posso resistir a considerá-lo o mesmo. Parece-me possível, neste caso, em certo sentido, dizer sem presunção: dai-me matéria, quero construir um mundo com ela!

XVIII

Mesmo que se faça valer essa mistura primordial como uma dedução correta, alguns escrúpulos, oriundos da mecânica, parecem se opor a esse grande projeto da construção do mundo. Pois se também o espírito gera um movimento circular num só lugar, então a continuação deste, especialmente ao considerar-se que deva ser infinito e que deva também impulsionar consigo gradualmente todas as massas existentes, fica ainda muito difícil de imaginar. De início suspeitar-se-ia de que a pressão de toda a matéria restante deveria oprimir essa movimentação circular pequenina, mal tendo começado a formar-se; que isso não aconteça revela, a respeito do *nous* agitador, que ele entra em ação repentinamente com uma força terrível, tão rápido que nós devemos denominar esse movimento um turbilhão: assim como também Demócrito imaginou tal turbilhão. E, uma vez que esse turbilhão deva ser infinitamente forte para que não seja inibido pelo universo infinito que faz peso contra ele, então será infinitamente rápido, pois a força originalmente só pode revelar-se na velocidade. Quanto mais